Travel Schedule
여행 일정

MEMO
끄적 끄적

이 책을 보는 방법
How to Use This Book

이 책은 지역별 소개와 여행 정보의 두 부분으로 나뉘어져 있습니다. 지역별 소개 부분에서는 먼저 홋카이도(北海道)를 그 주요지역에 따라 도우오(道央), 도우난(道南), 도우토(道東)의 세 지역으로 나누고, 각 지역의 주요도시인 삿포로(札幌), 오타루(小樽), 하코다테(函館) 등을 소개하였습니다. 각 지역은 교통 정보, 지도 등의 기본 자료뿐만 아니라 네 개의 소단원으로 나누어 최고의 명소, 쇼핑, 식당, 숙박시설 등의 정보도 함께 실었습니다.

여행정보 부분에서는 홋카이도 여행 시 필요한 비자, 날씨 등의 정보 외에도 교통정보, 특별 승차권 등을 자세히 소개하여 여행의 편의를 도모했습니다. 또 별도로 수록된 여행 일본어 회화는 더욱 즐거운 여행이 되도록 도와줄 것입니다.

전화번호, 팩스, 주소, 홈페이지, 영업시간, 교통 등을 포함한 지역별 소개의 여행정보는 글씨를 확대하여 여행 중에도 편하게 읽을 수 있을 뿐만 아니라 알아보기 쉬운 범례로 표시하였습니다. 각 범례의 뜻은 다음과 같습니다.

- 🅐 지도페이지 & 좌표
- 🅣 교통
- 🅐 주소
- 🅢 전화
- 🅕 팩스
- 🅞 개업시간
- 🅗 휴업일
- 🅢 가격
- 🅤 홈페이지
- @ E-mail

이 책에 표시된 가격은 모두 엔화(¥)를 단위로 했으며, 책 속에 표시된 교통, 비용, 영업시간, 주소, 전화 등과 같은 변동성 항목은 각각 2008년 6월 이전에 수집된 자료를 기준으로 했습니다. 특히 비용부분은 변동되기 쉬우니 참고하시기 바랍니다.

주머니에 쏙! 가벼운 발걸음! Happy Tour 홋카이도

- ⊙ **가볍고 편안한 크기, 두껍고 무거운 여행서는 BYE BYE!**
  크기 10×21cm, 무게 200g, 편안하고 부담이 없어 주머니든 가방이든 어디에도 OK!!
- ⊙ **만족스러운 정보들이 ALL IN ONE!**
  알짜 정보만 모아서 꼭 가보아야 할 관광명소, 맛보아야 할 음식, 쇼핑장소에 대한 정보를 모두 수록하였습니다.
- ⊙ **효율적인 구성으로 언제 어디서든 쉽게 찾아 사용한다!**
  각 지역을 장과 절로 나누고 지도를 수록하여 필요한 정보를 쉽게 찾을 수 있습니다.
- ⊙ **관광명소+식당+쇼핑+숙소, 나도 이제 여행전문가?!**
  책에 수록된 곳을 스스로 선택하여 자신이 원하는 완벽한 여행계획(2박 3일, 4박 5일)을 짤 수 있습니다.
- ⊙ **여행 필수 품목 No.1!**
  참신하고 예쁜 디자인, 한손에 쏙 들어가는 사이즈, 비닐 표지로 싸여있어 어디든지 들고 다닐 수 있습니다.

지역 명칭

니세코
ニセコ NISEKO

지역별 지도

지도범례

명소(한국어&영어&한자)
지도좌표&페이지

👁 명소

패치워크 코스
パッチワークの路

1 시키사이노오카 四季彩の丘

2 비에이 역 美瑛駅

3 젠베에 지니어 ケンとメリーの木

4 세븐스타노키 セブンスターの木

5 오야코노키 親子の木

6 홋카이도立오가리 전위공원 호쿠の丘展望公園

7 블랑루즈 Blanc Rouge

8 마일드세븐 언덕 マイルドセブンの丘

9 돌아오는 길

지역 색인&단원(명소·식당·숙박)

명소 소개

3

해피 투어

홋카이도

CONTENTS

12 삿포로(札幌) 도우오(道央)

명소 : JR타워 · 토케다이 · 오-도-리 공원 · 홋카이도청 구본청사 · 홋카이도 카이타쿠노무라 · 히츠지가오카 전망대 · 홋카이도 대학 · 삿포로 맥주 박물관
쇼핑 : 타누키코지 · 삿포로 지하도 · 삿포로 팩토리
식당 : 삿포로 라멘공화국 · 칭기즈칸(日-징기스칸) 다루마 지점 · 아지노토케다이 · 스스키노 라멘요코쵸
숙박 : 삿포로 워싱턴 호텔 · 아파 호텔 오-도-리 공원 · 호쿠노켄포카이칸 · 토요코 INN 삿포로역 북쪽 출구 · 삿포로 하우스 유스호스텔

26 오타루(小樽) 도우오(道央)

명소 : 운하 플라자 · 오타루 운하 · 오타루 오르골당
쇼핑 : 긴노카네 1호관 · 타이쇼가라스칸 · 키타이치가라스
식당 : 스시야도-리 · 오타루 양과자 르 타오 · 마사즈시 · 오타루 운하 식당 · 키타카로 · 오타루 운하 창고군
숙박 : 호텔 노드 오타루 · 엣츄야 여관 · 오타루 그랜드호텔 · 호텔 비브랜트 오타루 · 호텔 뉴 미나토

36 니세코(ニセコ) 도우오(道央)

명소 : 신센누마 · 요테이잔 · 오유누마 · 니세코 고시키 온천
식당 : 니세코 밀크공방 · 다방 누푸리
숙박 : 컨트리 인 밀키하우스 · 펜션 반프

43 토야(洞爺) 도우오(道央)

명소 : 토야코 · 쇼와신잔 · 니시야마 화구 산책로
숙박 : 토야코 만세이가쿠 호텔 · 토야 그랜드 호텔

48 노보리베츠(登別) 도우오(道央)

명소 : 지고쿠다니 · 노보리베츠 곰 목장
숙박 : 다이이치 타키모토칸

52 후라노(富良野) 도우오(道央)

명소 : 팜 토미타 · 사이카노사토 · 쵸에이 라벤다엔 · 플라워 랜드 카미후라노 · 라벤다노모리(하이랜드 후라노) · 히노데 공원 · 후키아게 노천탕
쇼핑 : 닝구루테라스
식당 : 후라노 치즈공방 · 미야마토-게 · 쿠마게라 · 야마도리(YAMADORI)
숙박 : 펜션 라벤더 · 셰르마망 · 펜션 후라누이(FURANUI) · 모리노 나카마다치 · 펜션 렛샤 하우스

68 비에이(美瑛) 도우오(道央)

명소 : 패치워크 코스 · 파노라마 로드 · 시로가네 온천
숙박 : 포테이토 빌리지 · 호텔 파크 힐스 · 호시노 아카리야 · 유모토 시로가네 온천 호텔

80 아사히카와(旭川) · 소운쿄(層雲峽) 도우오(道央)

명소 : 홋카이도 전통미술 공예촌 · 소운쿄 · 아사히카와시 아사히야마 동물원 · 키타타키쵸 해바라기 마을
식당 : 타이세츠지 비루칸 · 아오바 라멘 · 산토카 요죠점 · 하치야 라멘 고죠지점
숙박 : 르와질 호텔 아사히카와 · 소운카쿠 그랜드호텔 · 소운쿄 유스호스텔

92 토카치(十勝)·오비히로(帯広) 도우오(道央)

명소 : 시치쿠 가든 · 마나베 정원
식당 : 록카테이 본점 · 키타노야타이 · 판쵸 · 토카치 비어 레스토랑
숙박 : 토카치가와 온천 다이이치 호텔 · 홋카이도 호텔

100 하코다테(函館) 도우난(道南)

명소 : 트라피스치누 수도원 · 유노카와 온천 · 하리스토스 정교회 · 카네모리 아카렌가 창고 · 성 요한 교회 · 고료-카쿠 · 카톨릭 모토마치 교회 · 구 하코다테구 공회당 · 하코다테야마 야경
쇼핑 : 하코다테 메이지칸 · 하코다테 아사이치
식당 : 키쿠요 식당 · 카이쿄 라멘 · 고토켄 본점 · 마메상 라멘야
숙박 : 토요코 INN 하코다테 에키마에 아사이치 · 스마일 호텔 · 하코다테 유스 게스트 하우스 · 스미토모 민박 · 하코다테 유노카와 그랜드호텔

115 오-누마(大沼) 도우난(道南)

명소 : 오-누마 · 코누마 · 준사이누마 · 코마가타케 · 누마노 이에 · 나가레야마 온천
숙박 : 크로포드 인 오-누마

122 쿠시로(釧路) 도우토(道東)

명소 : 쿠시로시 탄쵸즈루 자연공원 · 츠루이도산코 목장 · 아칸 탄쵸즈루 관찰센터 · 쿠시로 습원 · 누사마이바시
식당 : 쿠시로 무 · 와쇼이치바 · 쿠시로 아부리야 · 카와무라 · 로바타렌가 · 쿠시로 미나토마치비어 본점 · 치쿠로엔 아즈마야 총 본점
숙박 : 쿠시로 프린스 호텔 · 쿠시로 젠닛코 호텔 · 유메코보

135 아칸코(阿寒湖) 도우토(道東)

명소: 아칸코 · 마슈코 · 아이누코탄 · 굿샤로코 · 이오잔 · 카와유 온천
쇼핑: 폰숀 인형관 · 에조리스 본점
식당: 민예찻집 포론노
숙박: 아칸 유쿠노사토 츠루가 · 미소노 호텔

147 아바시리(網走) 도우토(道東)

명소: 모코토야마 온천 시바자쿠라 공원 · 유빙 관광 쇄빙선 오로라 · 아바시리 형무소 박물관
숙박: 민박 램프 · 아바시리 류효노오카 유스호스텔

152 시레토코(知床) 도우토(道東)

명소: 시레토코고코 · 시레토코 관광선 · 시레토코 자연센터 · 오신코신 폭포 · 라우스다케 · 오론코이와 · 카무이왓카유 폭포
쇼핑: 유키무시 공방
식당: 시레토코료리 잇쿠야
숙박: 시레토코 다이이치 호텔 · 호텔 치노하테 · 시레토코 페레케

162 홋카이도 여행정보

지도색인

- 12 삿포로 지하철 노선도
- 14 삿포로 시내 지도
- 16 삿포로 상세지도
- 26 오타루
- 36 니세코
- 44 토야
- 48 노보리베츠 온천
- 49 노보리베츠
- 56 후라노
- 57 후라노 상세지도
- 70 비에이
- 80 소운쿄
- 82 아사히카와 상세지도
- 84 아사히카와 시
- 92 토카치 · 오비히로
- 102 하코다테
- 104 하코다테 중심부
- 117 오-누마
- 124 쿠시로
- 137 아칸
- 139 아칸호반
- 147 아바시리
- 154 우토로 시
- 155 시레토코

기 타

- 169 옷, 신발 사이즈 조견표
- 170 여행자 수표 Q & A

172 여행회화

홋카이도 여행 완전정복 TIP

홋카이도, Let's GO!

TIP1 여름 꽃 감상 대 만끽
여름은 홋카이도를 여행하기에 가장 좋은 계절이다. 특히 후라노, 비에이 일대의 라벤더 꽃밭, 넘실대는 밀밭, 언덕 위에 홀로 서 있는 나무 등은 모두 영화 속의 한 장면 같은 아름답고 훌륭한 볼거리들이다.

TIP2 순백의 홋카이도 체험
홋카이도의 겨울은 매우 인상 깊다. 일본 전역 어디에도 겨울에 이렇게 시끌벅적한 곳은 없을 것이다. 삿포로의 눈 축제, 소운쿄의 얼음축제, 아칸코의 빙상 카니발 및 스키, 스케이트, 얼음낚시, 썰매 개 경주 시합 등의 동계활동은 엄동설한에도 여행의 정취를 끊임없이 느끼게 해준다.

TIP3 신선한 해산물, 라멘 등의 미식탐험
홋카이도는 해산물요리의 천국이다. 한가득 담겨 나오는 회를 비롯해 뜨거운 흰밥 위에 해산물을 얹은 돈부리, 통통하게 살이 꽉 찬 대게와 털게, 홋카이도 명물 오징어 회 등은 오감을 충분히 만족시킬 것이다. 또 삿포로 미소라멘, 아사히카와의 쇼유라멘 등은 엄동설한의 겨울나라에서 따뜻한 온기를 전해주는 음식들이며, 그 외 하코다테 산 맥주, 유바리 산 메론, 농가 직송의 우유 등 셀 수 없이 많은 맛있는 먹을거리들이 당신을 기다리고 있다.

달인이 추천하는 여행코스

라벤더 2박 3일 코스
DAY1: JR TOWER ▶ 삿포로 지하도 쇼핑 ▶ 스스키노라멘요코쵸
DAY2: 후라노 꽃 감상 정기 관광버스 코스 (6월11일~8월31일) ▶ 후라노 미식 탐험
DAY3: 삿포로 홋카이도청 구 본청사 ▶ 오-도-리공원 ▶ 삿포로 미식탐험

후라노 꽃밭 1박2일 코스
DAY1: 일본드라마 '북쪽나라에서' 자료관 ▶ 모리노나카마다치 쇼핑
DAY2: 팜 토미타 라벤더 감상 및 쇼핑 ▶ 라벤더 화원 리프트 감상

토야코 온천 1박2일 코스
DAY1: 온천욕 즐기기 ▶ 온천 요리 즐기기 ▶ 토야코 호반 산책 및 쇼핑
DAY2: 토야코 유람선 코스 ▶ 화산구 산책로

노보리베츠 온천 여행 1박2일 코스
DAY1: 온천욕 즐기기 ▶ 온천 요리 즐기기 ▶ 노보리베츠 온천마을 산책
DAY2: 케이블카 탑승 ▶ 노보리베츠 곰 목장 ▶ 지고쿠다니 산책

도우오 道央

- 12 **삿포로**
- 26 **오타루**
- 36 **니세코**
- 43 **토야**
- 48 **노보리베츠**
- 52 **후라노**
- 68 **비에이**
- 80 **아사히카와(소운쿄)**
- 92 **토카치 · 오비히로**

삿포로

札幌 SAPPORO

홋카이도 제 1의 도시인 삿포로는 깨끗하고 밝은 분위기의 도시이다. 현대식 고층빌딩 숲 속에 유행을 선도하는 상점들이 사람들의 발길을 끌어들이고 있다. 완벽하게 정리된 바둑판식 도로와 시내 곳곳으로 통하는 지하철이 있어 교통이 매우 편리하다. 그중에서도 홋카이도대학, JR타워, 오-도-리 공원(大通公園), 스스키노(すすきの), 나카지마 공원(中島公園) 등을 경유하는 난보쿠센(南北線)이 가장 편리하며, 자유여행을 하는 사람들에게 즐거운 여행코스를 제공한다. 삿포로에 오면 삿포로라멘, 징기스칸, 삿포로맥주를 꼭 맛봐야 한다. 또 매년 2월 초 열리는 삿포로 눈 축제도 놓쳐서는 안 된다.

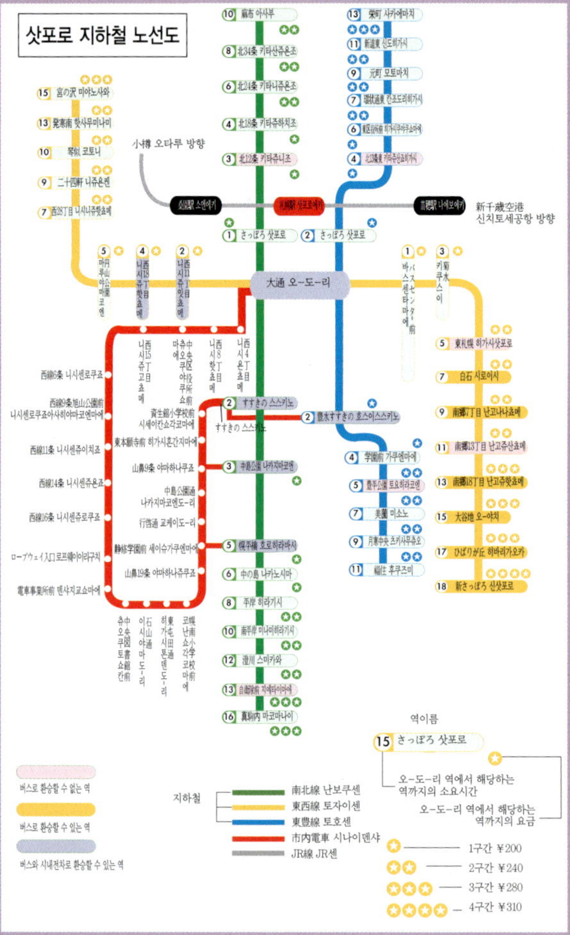

명소

JR 타워
JR Tower

- P15C1
- JR삿포로(札幌) 역에서 엘리베이터 이용
- 10시~22시30분
- 연중무휴
- ￥900

25년에 걸쳐 완성된 JR타워는 삿포로에서 가장 높고 넓은 빌딩이다. JR삿포로 역, 삿포로 스텔라 플레이스 쇼핑센터, 다이마루백화점, 닛코호텔 등이 결합된 쇼핑, 음식, 교통, 숙박, 여행의 중심이며, 삿포로에서 사람들이 가장 많이 모이는 곳이다. 특히 지상에서 160m 높이에 있는 JR타워 전망대 T38에서는 삿포로 시내가 한눈에 내려다보이며, 밤이 되어 화려한 불빛이 하나 둘씩 켜지면 사람을 매혹시키는 환상적인 야경이 펼쳐진다. 이런 아름다운 전경이 JR타워를 인기 있는 명소로 만들었다.

교통정보

◎철도: 신치토세공항(新千歳空港)발 삿포로(札幌)행- JR신치토세쿠코(新千歳空港) 역에서 JR 쾌속 에어포트(快速エアポート)를 이용(15분마다 한 대, 8시30분~22시), 삿포로(札幌) 역까지 약 36분소요
   어른: ￥1,040, 어린이: ￥520
◎버스: 신치토세공항(新千歳空港)발 삿포로(札幌)행- JR신치토세쿠코버스(新千歳空港バス) 이용, 삿포로(札幌) 역까지 약 1시간 10분소요
   어른: ￥1,000, 어린이: ￥500
◎시내교통: 삿포로 시내의 명소는 대부분 도보로 도착가능
   (1)삿포로(札幌) 역~오-도-리 공원(大通公園): 도보10분
   (2)오-도-리 공원(大通公園)~스스키노(すすきの): 도보5분
   (3)삿포로 시 지하철: 난보쿠센(南北線), 토자이센(東西線) 이용, 모두 오-도-리(大通り) 역 경유
◎1일승차권
   (1)지하철, 버스, 시영 전철 통용권: 어른-￥1,000, 어린이-￥500
   (2)지하철 전용권: 어른-￥800, 어린이-￥400
   #두 종류 모두 역 내의 자동판매기에서 구매가능
◎여행자센터: JR삿포로(札幌) 역 1층에 위치, 삿포로와 홋카이도 관련 여행정보 제공
◎관광정보: 홋카이도 삿포로 시 관광안내
www.welcome.city.sapporo.jp

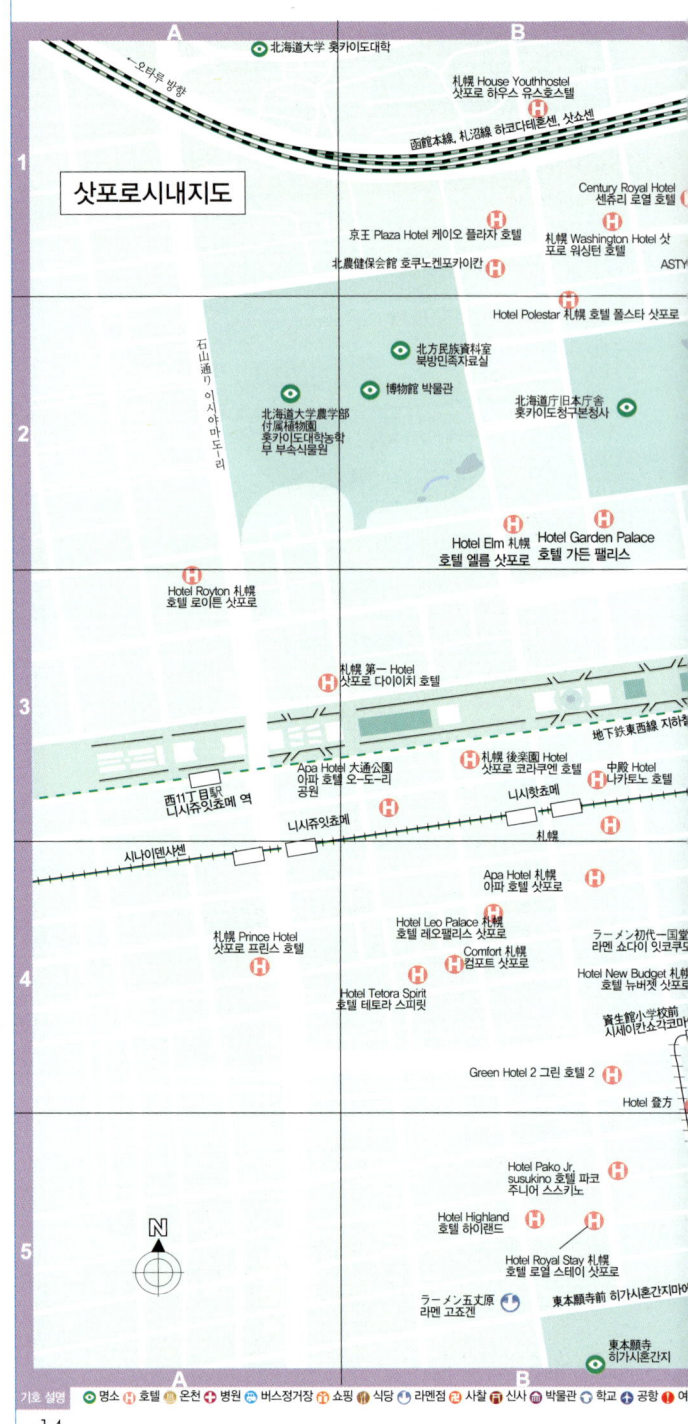

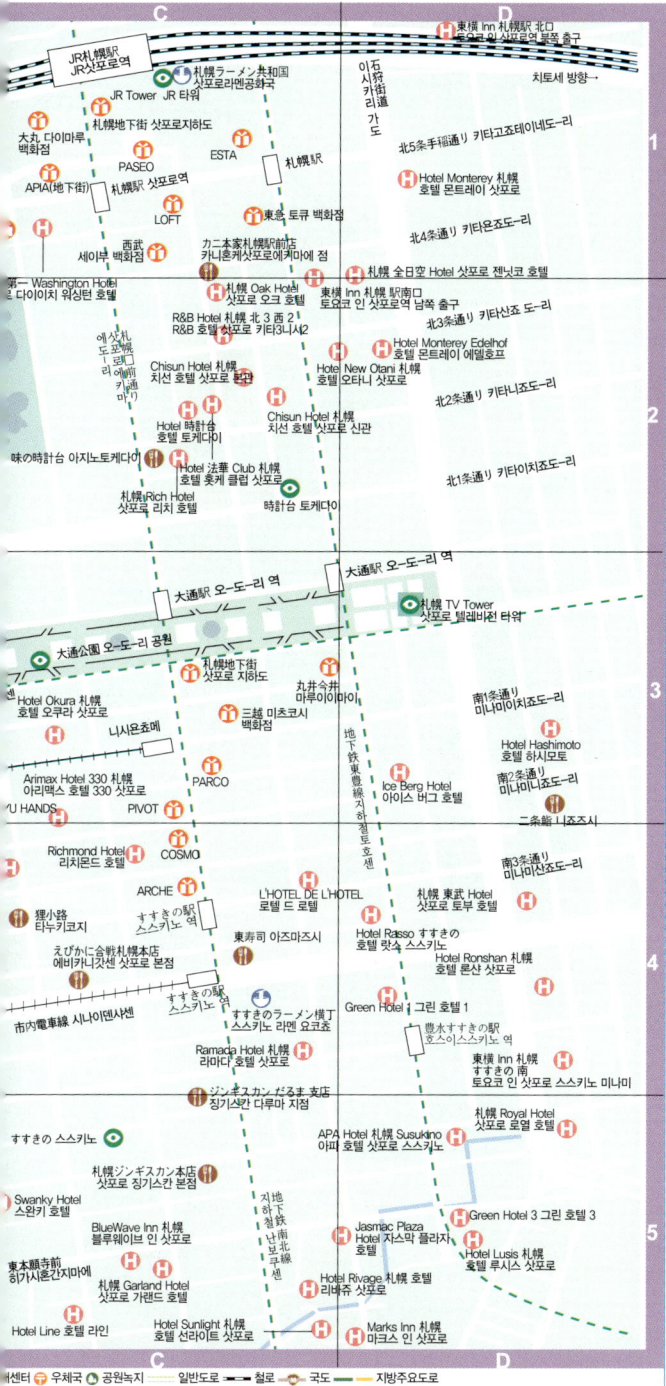

토케다이
時計台

- P15C2
- 札幌市中央区北1西2
- 지하철 오-도-리(大通リ) 역에서 도보5분
- 9시~17시
- 월요일(공휴일인 경우 익일), 신년기간 (12/29~1/3)
- 내부 역사관 티켓: 어른- ¥200, 초중고생 무료

 토케다이는 삿포로 시의 랜드 마크이자 유명 관광지로 미국 서부 개척시대 풍의 건축양식으로 지어진 흰색의 목조 건물이다. 원래는 홋카이도 대학의 전신인 삿포로 농학교의 연무장이었으나, 지금은 일본에서 현존하는 가장 오래된 시계탑이다. 외관이 심플하고 소박한

오-도-리 공원
大通公園

- P15C3
- 札幌市中央区大通西1-12
- JR삿포로(札幌) 역에서 도보15분
- 오-도-리 공원: 입장 자유, 삿포로TV탑: 여름- 9시~22시, 겨울- 9시30분~21시30분
- 오-도-리 공원: 입장 무료, 삿포로TV탑: 어른 ¥700, 고

홋카이도청 구 본청사
北海道庁旧本庁舎

- P14B2
- 札幌市中央区北3西6
- JR삿포로(札幌) 역에서 도보7분
- 8시~17시
- 연중개방
- 무료

 아카렌가(赤レンガ:붉은 벽돌)라는 애칭으로 불리는 구 본청사는 홋카이도의 100년의 역사를 잘 보여주는 대표적인 건물이다. 「아카렌가」라는 이름은 건물이 빨간 벽돌로 만들어졌기 때문에 생겼으며, 건물 전체에는 총 250만여 개의 벽돌이 사용되었다고 한다. 1888년에 미국식 네오바로크 건축양식으로 지어졌으며, 당시 미국 매사추세츠 주 의사당을 본뜬 것이라고 한다. 구 본청사는 1909년에 발생한 대화재로 내부 장식이 다 타버렸고 현재의 것은 재건된 것이다.

홋카이도 카이타쿠노무라
北海道開拓の村

- P17D3
- 札幌市厚別区厚別町小野幌50-1
- JR치토세센(千歳線), 지하철 토자이센(東西線) 이용, 신삿포로(新札幌) 역에서 카이타쿠노무라(開拓の村)행 JR홋카이도 버스로 환승 후 카이타쿠노무라(開拓の村) 역에서 하차(15분소요)
- 월요일(공휴일인

토케다이의 지붕 위쪽에는 굴뚝모양의 4면벽시계가 달려 있는데, 항상 정시가 되면 맑은 소리를 울리며 시민들에게 시간을 알려주었고, 그 역사가 벌써 100년이 넘었다. 내부는 삿포로 역사관으로 꾸며 개방했지만, 대부분의 관광객들이 건물 앞에서 사진을 찍거나 MN빌딩 2층에서 바라보기만 하는 경우가 많다.

삿포로 도우오 명소

교생 ¥600, 중학생 ¥400, 초등학생 ¥300, 초등학생 이하 ¥100

오-도-리 공원은 삿포로를 남북으로 나누는 녹지 공원이다. 오-도-리 공원 북쪽에 있는 삿포로 텔레비전 타워의 높이는 147.2m이다. 90m 높이에는 전망대가 설치되어 있어 삿포로 시의 전경을 감상하기에도 좋다. 오-도-리 공원은 1년 내내 독특한 풍경을 가지고 있고, 다양한 이벤트가 열린다. 삿포로의 가장 큰 연례행사인 눈 축제가 열리는 장소가 바로 이곳이다. 또 매년 7월 21일부터 8월 10일까지는 "비어가든"이 열려 삿포로 시민과 관광객이 함께 삿포로 현지의 맥주를 즐긴다. 5월 말 라벤더가 만개할 때 오-도-리 공원의 풍경은 가장 아름답다.

경우 익일, 7/1~10월1일 매일 개장)
- 9시30분~16시30분(6/1~9/30: 9시~17시)
- 4~11월: ¥830, 12~3월: ¥680, 마차이용: 어른-¥270, 어린이 (14세 이하)-¥130

놋포로삼림공원(野幌森林公園)에 있는 카이타쿠노무라에는 메이지, 타이쇼, 쇼와시대의 건축물 60여 채가 복원되어 있다. 시가지, 어촌, 농촌, 산촌의 4개 군락으로 나누어 전시하고 있으며 티켓창구에서 지도를 제공한다.

히츠지가오카 전망대
羊ヶ丘展望台

- P16B5
- 札幌市豊平区羊ヶ丘1
- 지하철 토호센(東豊線) 이용, 후쿠즈미(福住) 역에서 히츠지가오카 전망대(羊ヶ丘展望台)행 버스로 환승 후 종점에서 하차
- 버스가 히츠지가오카로 진입 시, 차내에서 매표원이 표를 수취: 어른-¥500, 어린이-¥300
- 8시~20시(10월~4월: 9시~17시)
- 연중무휴

"소년들이여, 야망을 가져라 (Boys be ambitious!)"라는 말로 유명한 클라크 박사 동상이 있는 히츠지가오카 전망대는 홋카이도에서 관광객들이 가장 좋아하는 사진 촬영 장소이다. 클라크 박사는 홋카이도 대학의 제 1대 교장이었으

삿포로 맥주 박물관
札幌ビール博物館

- P16B2
- 札幌市東区北7東9
- 지하철 토호센(東豊線) 히가시쿠야쿠쇼마에(東区役所前) 역에서 도보10분
- 9시~18시
- 신년기간(12/30~1/1)
- 무료

삿포로 맥주의 역사는 일본 맥주사업의 역사로, 이곳에서 일본 최초의 맥주가 시작되었다(1876년). 맥주 박물관은 일본 맥주사업과 관련된 사료 외에도 다양한 맥주 제조 기구 모형을 전시해 놓고 있다. 박물관을 둘러본 후에는 1층 시음장에서 제공하는 맥주(1잔-¥200)를 마실 수 있다. 맥주 박물관 옆의 삿포로 맥주원은

며 홋카이도 대학에 '선구자 정신'을 심어주어 당시의 학생들과 홋카이도 대학에 큰 영향을 끼쳤다. 전망대 한 쪽에는 징기스칸 양고기를 먹을 수 있는 히츠지가오카 레스토랑과 아이스크림과 기념품을 판매하는 히츠지가오카 오스트레일리아관이 있다. 그 뒤로 펼쳐진 푸르른 잔디는 이곳에 여유롭고 한적한 분위기를 더해준다.

홋카이도대학
北海道大学

- P16B2
- 札幌市北区北9西8
- JR삿포로(札幌) 역 북쪽 출구에서 도보5분

홋카이도대학 북문에서 농학부, 이학부 방향으로 걸어가면 포플러 가로수길이 나온다. 홋카이도의 넓고 푸른 하늘아래 줄지어 서있는 포플러나무는 이 대학의 자랑거리이다. 그러나 현재는 포플러 나무들의 수령이 너무 많아 사람들의 진입을 금지하고 있다.

이곳의 또 다른 자랑은 은행나무 길이다. 가을이 되면 온통 황금색으로 물들어 사람들을 매료시킨다.

오랜 역사가 느껴지는 빨간 벽돌 창고를 리모델링한 것으로, 공장에서 직접 배송된 삿포로 맥주와 신선한 해산물을 마음껏 먹을 수 있다. 또 박물관 내의 로비에서는 뷔페 서비스도 제공하고 있는데, 시원한 생맥주, 홋카이도 킹크랩, 디저트 등 20종류의 맛있는 음식이 당신을 만족시킬 것이다. (1인당 ¥5,000, 18시30분~21시)

🛍 쇼핑

타누키코지
狸小路

🔺 P15C4
🚇 지하철 난보쿠센(南北線) 오-도-리(大通リ) 역에서 도보5분

타누키코지는 잇쵸메(1丁目)부터 나나쵸메(7丁目)까지 뻗어 있는 홋카이도에서 가장 큰 상점가로 홋카이도의 특산물을 구입할 수 있다. 7시 이후, 대부분의 상점들이 영업을 끝내고 나면 광장의 텅 빈 거리로 내일의 스타들이 모여들어 직접 연주하고 노래하며 마음껏 끼를 발산한다. 또 수많은 라멘 가게가 밀집해 있어 라멘을 좋아하는 사람에게는 또 다른 선택지가 될 것이다.

삿포로 지하도
札幌地下街

🔺 P15C3
🚇 지하철 난보쿠센(南北線) 오-도-리(大通リ) 역에서 하차
🕙 10시~20시

일본의 지하철 역들은 모두 지하 상점가와 연결되어 있다. 1년에 반 이상 눈이 오는 삿포로에서 지하도가 발달한 것은 당연한 일이다. 삿포로 지하도는 지하철 오-도-리 역에서 시작하여 오-도-리 공원, TV탑, 타누키코지 등을 거쳐 지하철 스스키노 역까지 이어진다. 이곳에는 150여 곳이 넘는 매장, 레스토랑, 특산물 상점, 파르코백화점, 아피아(APIA) 등이 있다. 여기서 쇼핑을 하면 비가 오나 눈이 오나 바람이 부나 날씨에 상관없이 마음껏 쇼핑을 즐길 수 있다.

삿포로 팩토리
札幌ファクトリー

🔺 P16B3
🏠 札幌市中央区北2東4
🚇 지하철 토자이센(東西線) 바스센타(バスセンター) 역 8번 출구에서 도보5분
🕙 10시~20시(레스토랑: 11시~22시)

삿포로 팩토리는 대형 호프인 렌가칸, 높은 굴뚝이 있던 연통광장, 투명한 천장과 연결된 4층 높이의 명품상점가인 아트리움 등의 세부분으로 나누어지는데, 특히 아트리움에는 많은 유행상점과 레스토랑이 모여 있다. 맞은편에 위치한 비어 가든은 520여 개의 좌석이 있는 초대형 호프집이다. 가게 전체가 맥주를 보관하던 원통형 모양으로 식사 공간이 마치 터널 같아서 매우 독특하다.

🍴 식당

삿포로 라멘공화국
札幌ラーメン共和国

- P15C1
- 札幌市中央区北5西2
- JR삿포로(札幌) 역 옆의 에스타(ESTA) 백화점 10층
- 11시~22시
- 연중무휴
  에스타(ESTA)백화점

10층에 위치한 삿포로 라멘공화국은 오픈 당시부터 늘 손님들로 가득했다. 광장 내에 모여 있는 8개의 라멘전문점 모두 홋카이도에서 가장 환영받는 인기 라멘점이 되었다. 돼지 뼈와 야채로 국물을 우려낸 삿포로 라멘 '유스라(山櫻桃)', 쿠시로 라멘 '카와무라(河むら)', 아사히카와 라멘 '아오바(靑葉)', 하코다테 시오라멘 '아지사이(あじさい)' 등이 있다. 줄을 서서 기다리지 않기 위해서는 정오나 저녁시간은 피하는 것이 좋다.

징기스칸 다루마 지점
ジンギスカンだるま支店

- P15C5
- 札幌市中央区南6西4野口ビル1階
- 지하철 난보쿠센(南北線) 스스키노(すすきの) 역에서 도보 10분
- 17시30분~다음날 새벽 5시 (일요일은 16시30분~다음날 새벽 1시)
- 연중무휴

다루마는 오래된 역사를 가진 상점으로, 일본 전역에서 징기스칸 다루마로 통한다. 다루마는 태어난 지 1년 된 어린 양고기를 사용하며 이 집안에 전해져 내려오는 비법을 사용해 양고기의 냄새를 없애고 담백하고 부드러운 맛으로 인기가 좋다. 양고기 1인분에 제철 야채를 포함하여 ¥7000이며, 특수 제작한 소스에 찍어 먹으면 색다른 풍미를 느낄 수 있다.

아지노토케다이
味の時計台

- P15C2
- 札幌市中央区北1西3
- 지하철 토자이센(東西線), 토호센(東豊線), 난보쿠센(南北線) 이용, 오−도−리(大通り) 역에서 하차, 도보8분
- 10시~다음날 새벽2시
- 연중무휴

삿포로의 랜드 마크인 토케다이로 이름을 지은 이 라멘 가게는 삿포로의 라멘을 대표하는 맛이라고 할 수 있다. 특히 겨울철에는 진한 국물에 쫄깃한 노란색 면발을 담은 미소라멘(￥650)을 먹으면 추위도 싹 사라진다. 어패류, 버터, 옥수수 등을 넣은 호타테 버터 콘라멘(ほたてバターコーンラーメン, ￥1500)도 일품인데, 그 맛이 풍부해서 저절로 감탄이 터져 나온다.

스스키노 라멘요코쵸
すすきのラーメン横丁

- P15C4
- 지하철 난보쿠센(南北線) 스스키노(すすきの) 역에서 도보3분

스스키노는 삿포로의 가장 시끌벅적한 곳으로 밤에도 환하게 불을 켠 상점 간판들이 여기저기 눈에 띈다. 크고 작은 골목에 수백 곳의 식당이 모여 있어, 저녁 시간을 보내기에는 최고의 장소이다. 삿포로 하면 삿포로 미소(味噌:일본된장)라멘이 연상되고, 라멘하면 스스키노의 스스키노라멘요코쵸가 바로 떠오른다. 좁디좁은 골목에 20~30여 개의 라멘가게가 모여 있으며 모든 가게들마다 특색이 있다.

숙박

삿포로 워싱턴 호텔
札幌 Washington Hotel

- P14B1
- JR삿포로(札幌) 역에서 도보3분
- 札幌市中央区北4条西4-1
- (011)251-3211
- (011)241-8238
- 1인실: ￥7,460~￥9,770, 2인실: ￥13,440~￥18,690
- www.sapporo-wh.com

 JR삿포로 역에서 도보로 3분 거리에 위치해 교통이 편리하다. 또 여성 전용 건물 등 여성 고객을 위한 시설을 많이 갖추고 있다.

아파호텔 오-도-리공원
APA HOTEL 大通公園

- P14B3
- 지하철 토자이센(東西線) 니시쥬잇쵸메(西11丁目) 역에서 도보2분
- 札幌市中央区南1条西9丁目
- (011)261-811
- (011)271-3437
- 1인실: ￥7,500부터, 10월1일~5월31일: ￥6,000부터
- www.apahotel.com/hotel/hokkaido/03_sapporo-oodoori/index.html
- 카드 사용 가능

 오-도-리 공원과 스스키노에서 가까운 체인 비즈니스 호텔로 여성 고객을 겨냥하여 작고, 아기자기한 객실을 갖추고 있다.

호쿠노켄포카이칸
北豊保健会館

- P14B1
- JR삿포로(札幌) 역에서 도보5분
- 札幌市北区北4条西7丁目1番4
- (011)261-327 (011)261-3298
- 신관: 조식포함 1인실-￥5,300~￥6,300
  본관: 조식 포함 1인실-￥4,300~￥5,300
- www.hokunoukenpo.or.jp/kaikan
- 카드 사용 가능
- 온라인상에서 예약

 교통이 편리하고 숙박비용이 저렴할 뿐만 아니라 시설이 좋은 편이다. 신관의 모든 객실에는 욕실이 딸려 있다. 그리고 인터넷으로 예약하는 것이 전화나 팩스로 예약하는 것보다 값이 더 저렴하다.

토요코 INN 삿포로역 북쪽출구
東横INN札幌駅北口

- P15D1
- JR삿포로(札幌) 역 북쪽 출구에서 도보 2분
- (011)728-1045
- (011)728-1046
- 1인실:￥5,020~￥7,140, 2인실: ￥7,140~￥9,240
- toyoko-inn.com/hotel/00066/index.html
- 카드 사용 가능

 토요코 INN은 일본의 대형 체인 비즈니스 호텔로 홀과 객실 모두 인터넷 사용이 가능하다. (홀에는 공용 컴퓨터가 있으며 객실에는 인터넷 선이 제공된다.) 아침에는 주먹밥과 된장국이 무료로 제공된다.

삿포로 하우스 유스호스텔
札幌 House Youthhostel

- P14B1
- JR삿포로(札幌) 역 북쪽 출구에서 도보7분
- 札幌市北区北6条西6丁目3-1
- (011)726-4235 (011)726-4236
- 1인실: ￥2,940부터, 남녀분리 사용, 단체 투숙객은 전화로 문의
- www.yado489.jp/user/hoteldetails.php?clientid=162
- 카드 사용 불가

 삿포로 하우스 유스호스텔은 삿포로의 명소를 도보로 돌아볼 수 있는 거리에 있다. 화려하진 않지만 교통이 편리하고 숙박비도 저렴해서 많은 배낭여행객들이 찾는다.

오타루

小樽 OTARU

오타루는 삿포로의 외항으로, 어업이 발달한 곳이다. 메이지유신 후, 러시아, 유럽과의 무역중심지가 되어 시가지에는 북유럽의 분위기가 가득하다. 오타루 운하는 오타루를 대표하는 관광명소로, 도시에서 가장 낭만적인 곳이 되었다. 이로나이도–리(色内通り)는 홋카이도의 월스트리트로 불렸으며, 은행 등의 역사적 건물들이 모여 있다. 남쪽의 사카이마치도–리(堺町通り)나 메르헨교차점(メルヘン交差点)에는 세련된 상점과 유리 공예품 전문점들이 길게 늘어서 있다. 둘러보다가 다리가 아프고 피곤해져도 그것조차 즐거운 추억으로 남을 것이다.

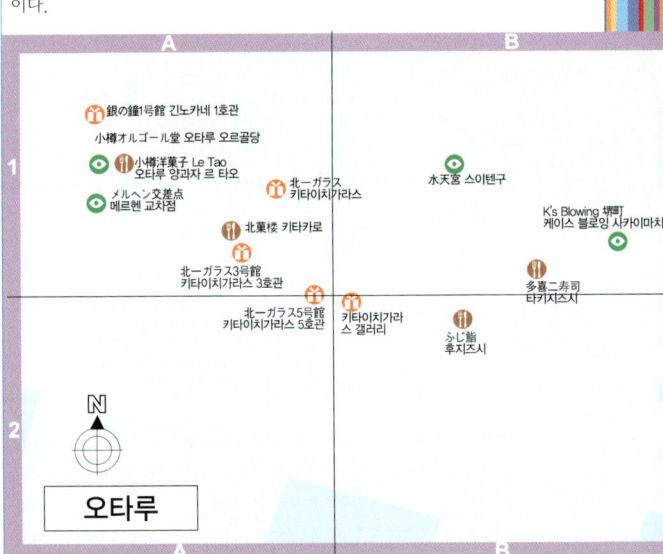

기호 설명: 명소 · 호텔 · 온천 · 병원 · 버스정거장 · 쇼핑 · 식당 · 라멘점 · 사찰 · 신사 · 박물관 · 학교 · 공항

교통정보

◎JR신치토세쿠코(新千歳空港) 역~오타루(小樽) 역: 쾌속 에어포트(快速エアポート) 이용, 오타루(小樽) 역에서 하차, 약 1시간 10분소요, ¥1,740 (1시간 2회 운행, 9시~20시, 매시 4분, 34분 출발)

◎JR삿포로(札幌) 역~오타루(小樽) 역: 쾌속 에어포트(快速エアポート) 이용, 오타루(小樽) 역에서 하차, 약 45분소요, ¥620(1시간 2회 운행)

◎시내교통: 오타루의 관광지는 대부분 도보로 도착할 수 있는 거리 내에 밀집해 있다. 걸어서 가는 것이 과거와 현재가 공존하는 거리의 분위기를 더 잘 느낄 수 있다.

(1)오타루(小樽) 역~오타루 운하(小樽運河): 도보13분

(2)오타루 운하 석조창고(小樽運河石造倉庫)~키타이치가라스(北一ガラス): 도보15분

◎1일 승차권: 중앙(中央)버스의 오타루 산책 버스를 이용한다. 이 버스는 붉은색의 복고풍차로 로망호라고도 불리며, 오타루의 모든 관광지를 순환한다. 1일 승차권을 구입하면 수시로 승하차가 가능해서 매우 편리하다. 승차권은 오타루 역 앞의 중앙버스 종점 또는 차내에서 구입할 수 있다.

(1)1회 승차권: 어른-¥200, 어린이-¥100

(2)1일 승차권: 어른-¥750, 어린이-¥380

◎오픈시간: 9시~18시(10월~3월은 17시30분까지)

◎여행자센터: JR오타루(小樽) 역 1층에 위치한 오타루 관광 안내소는 오타루 및 홋카이도의 최신 여행 정보를 제공한다.

◎관광정보
- www.otaru.gr.jp
- www.city.otaru.hokkaido.jp
- www.o-s-n.co.jp
- www.otaru.net

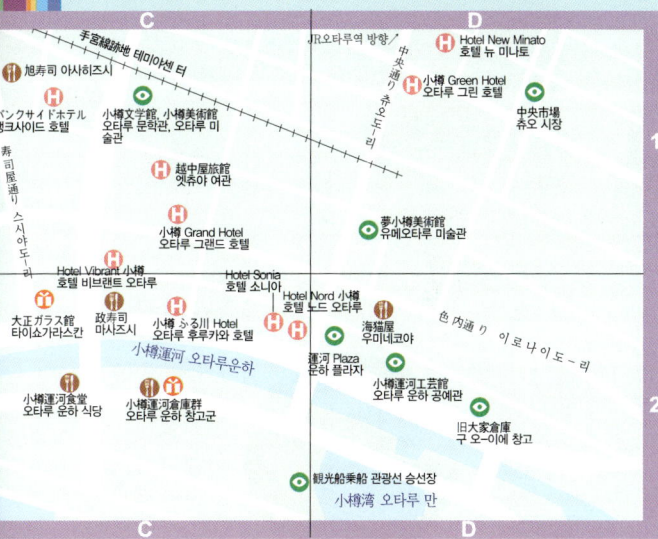

👁 명소

운하 플라자
運河 Plaza

- 📍 P27D2
- 🏠 小樽市色内2-1-19
- 🚆 JR오타루(小樽) 역에서 도보 15분
- 🕐 9시~19시(10월 하순~4월 중순: 9시30분~18시)

운하 플라자는 홋카이도와 오타루의 특산물을 판매하는 곳이다. 운하 플라자의 건물들은 모두 오타루 창고를 개조하여 만든 것으로 오래된 분위기가 풍긴다. 플라자의 옆은 오타루 시립 박물관으로 박물관 뒤쪽은 오타루 운하 공예관이다. 공예관의 맞은편에 위치한 카이메이로(海鳴楼)에서는 귀엽고 정교한 오르골을 판매하며, 오르골 제작 체험도 할 수 있다.

오타루 운하
小樽運河

- 📍 P27C2
- 🏠 小樽市港町
- 🚆 JR오타루(小樽) 역에서 도보 10분

오타루 운하는 오타루를 대표하는 관광명소로 이미 못 쓰게 되어버린 운하를 완벽한 계획을 거쳐

오타루 오르골당
小樽オルゴール堂

- 📍 P26A1
- 🏠 小樽市住吉4-1
- 🚆 JR오타루(小樽) 역에서 도보35분. JR미나미오타루(南小樽) 역에서 도보5분
- 🕐 9시~18시(여름철 금, 토, 공휴일 전날은 19시까지 영업)
- ✳ 연중무휴

오타루 오르골당은 사카이마치도-리의 메르헨 교차점에 있다. 입구에 있는 높은 증기시계는 시각에 따라 불시

오타루 도우오 명소

도시에서 가장 낭만적인 곳으로 탈바꿈시켰다. 아사쿠사바시(浅草橋)는 오타루 운하가 가장 아름다워 보이는 최적의 장소로, 다리 위의 운하광장은 늘 사람들로 붐빈다. 운하 옆 돌길에는 산책하는 연인들이나, 사진사, 거리의 예술가 등이 있어, 모든 사람들이 운하주변에서 즐거운 시간을 보낸다. 운하의 가스등이 하나둘씩 켜지는 황혼 무렵 또한 경관을 감상하기에 가장 좋은 시간이다. 운하의 맞은편에 있는 여러 채의 벽돌 석조 창고는 더 이상 창고라고 할 수 없을 정도로 세련된 식당가로 변신했다. 아름다운 인테리어와, 신선한 씨 푸드는 더욱 잊을 수 없는 맛을 선사할 것이다.

에 증기 기적과 음악 소리로 시간을 알려 관광객의 시선을 끈다. 오타루 오르골당은 다양한 오르골을 판매하고 있다. 고전적인 모양의 오르골 외에도 유리 제품의 정교함을 더한 유리 오르골도 있다. 또 세계 각국의 오르골과 오르골 시계를 전시하고 있어 흥미롭다.

쇼핑

긴노카네1호관
銀の鐘 1号館

- P26A1
- 小樽市入船1-1-2
- JR오타루(小樽) 역에서 도보 35분. JR미나미오타루(南小樽) 역에서 도보10분
- 9시~19시
- 1층 매장: 연중무휴, 2, 3층의 카페: 2월과 4월 말에서 11월 말까지만 영업

긴노카네는 메르헨 교차점에 위치하는 외관이 매우 아름다운 고전적인 벽돌 건물이다. 맛있는 케이

타이쇼가라스칸
大正ガラス館

- P27C2
- 小樽市色内1-1-5
- JR오타루(小樽) 역에서 도보 15분
- 9시~19시(여름엔 20시까지)
- 연중무휴

이로나이도-리 옆에 위치한 타이쇼가라스칸은 석벽 위에 짙은 초록색 넝쿨이 가득한  아름다운 외관이 시선을 끄는 곳이다. 이곳은 1906년에 만들어진 석조 창고를 개조한 유리 제품 전문점으로, 이곳의 유리 제품은 매우 고급스럽지만 가격은 저렴하다. 본관 뒤에 있는 톤보다마칸(とんぼ玉館)에서는 크고 작은 아름다운 진주를 판매한다. 또 본인이 자유롭게 진주를 선택하여 팔찌, 목걸이 등의 예쁜 액세서리를 만들 수도 있다.

키타이치가라스
北一ガラス

- P26A1
- 小樽市堺町7-26
- JR오타루(小樽) 역에서 도보 25분. JR미나미오타루(南小樽) 역에서 도보10분
- 9시~18시
- 연중무휴

사카이마치도-리에서 가장 눈에 띄는 여러 채의 건물이 붙어 있는 곳이 바로 키타이치가라스이다. 이곳을 처음 시작한 사람은 큐슈 출신으로, 홋카이도로 이주한 뒤 명성을 쌓아 결국 이곳을 홋카이도에서 가장 오래되고 최대 규모를 가진 유리 공방으로 발전시켰으며, 지금은 매년 수백만 명의 관광객이 찾아온다. 대부분의 제품을 기계가 만들기는 하지만, 사람이 직접 불어서 만든 유리 공예품도 있다. 명장의 디자인이 어우러진 컵 등 갖고 싶은 제품들도 매우 많다. 키타이치가라스의 유리 제품 전시관, 유리 현장 시범 공방, 술 저장고 등이 있는 종합 매장 중 5호관은 음악과 전등 및 향 제품 관련 유리 전문점이고, 3호관은 관광객들이 가장 많이 찾는 곳이다. 램프 홀에는 세계 각국의 전등과 유리 제품들이 있다. 3호관 뒤쪽에 있는 하자제품 전문매장에서는 조그마한 흠집이 있는 물건들이 저렴한 가격에 판매되고 있다.

크와 홋카이도의 특산품 간식을 판매한다. 2층은 실내카페, 3층은 노천카페인데, 여름에는 낭만적인 꽃향기 속에서 여유롭게 차를 마시며 이야기를 나눌 수 있다. 긴노카네는 ￥400~￥600의 커피나 홍차를 주문하면 조각 케이크가 함께 나오고, 컵과 접시를 가져갈 수 있는 특별서비스도 제공한다. 약 6종류 이상의 도자기 컵을 구비하고 있어 손님이 원하는 컵을 선택할 수 있고, 커피 이외의 다른 음료를 마셔도 잔을 고를 수 있다.

식당

스시야도-리
寿司屋通

- P27C1
- JR오타루(小樽) 역에서 도보 10분

하나스시(華寿司), 잇큐(一休), 아사히즈시(旭寿司), 마사즈시(正寿司) 등 오타루의 스시 상점은 모두 스시야도-리나 코엔도-리(公園通リ)로 이어지는 길목에 모여 있다. 이곳에 오면 맛있는 오타루의 정통 해산물 덮밥인 후타이로돈(二色丼), 상이로돈(三色丼)을 먹어보자. 원래 덮밥 요리는 스시 밥 위

마사즈시
正寿司

- P27C2
- 小樽市花園1-1-1
- JR오타루(小樽) 역에서 도보 10분
- 11시~20시
- 매월 첫 번째, 세 번째 목요일

오타루 운하 식당
小樽運河食堂

- P27C2
- 小樽市港町6-5
- JR오타루(小樽) 역에서 도보 10분
- 각 상점마다 영업시간 다름
- 12/23, 1/1

오타루 운하 근처에 있는 오타루 운하 식당은 옛 창고를 개조해 새롭게 만든 곳이다. 내부는 쇼와 시대 초기의 오타루 거리로 꾸며져 있어 복고 분위기로 가득하다. 일본에서 유명한 삿포로 '스미레'의 미소라멘, 큐슈 하

에 성게, 생선 알, 회 등을 올리는 요리이다. 그러나 오타루의 해산물 덮밥은 이와 조금 다르다. 후타이로돈은 성게와 연어 알을 올리고, 상이로돈은 그 위에 참치 회나 새우, 말린 청어 알을 올린다. 가격은 ￥1,600～￥2,200이다.

오타루 양과자 르 타오

小樽洋菓子 Le Tao

- P26A1
- 小樽市堺町7-16
- JR오타루(小樽) 역에서 도보 35분. JR미나미오타루(南小樽) 역에서 도보10분
- 9시~19시(커피숍은 18시까지)
- 연중무휴

오타루의 르 타오는 사카이마치 도-리에서 가장 세련된 케이크 전문점이다. 분위기가 밝은 2층은 따뜻한 커피를 마시는 곳이고 1층은 케이크를 좋아하는 사람들의 천국으로, 특히 초콜릿이 유명하다. 그 중에서도 홋카이도 우유로 만든 화이트 초콜릿이 가장 맛있다. 오타루의 풍경, 거리로 이름을 지은 초콜릿은 조금은 쓰지만, 입에서 녹는 맛이 일품이다. 그 외에도 종탑의 뻐꾸기 시계 모양의 허니 케이크, 초콜릿 비스킷인 이로나이도-리 등이 있다.

오타루의 명소로 오타루 운하를 꼽고, 특산으로 유리 공예품을 꼽는다면, 먹을거리로는 신선하고 맛있는 스시가 있다. 스시야도-리에서 가장 유명한 오타루 마사즈시는 63년의 오랜 역사를 가진 곳으로, 경쟁이 치열한 스시야도-리에서 굳건히 최고의 자리를 지키고 있다. 특히 ￥3,500인 특상 마사즈시를 시키면 기름진 참치, 대하, 광어, 성게, 대게, 조개, 가리비, 전복, 연어 알 등, 10종류의 스시가 나온다. 전부 신선하고 값비싼 재료로 만들어져서 한 입만 먹어 보면 왜 이곳이 다른 곳에 비해 인기 있는지 알 수 있을 것이다.

카타 '잇푸도'의 톤코츠(豚骨:돼지 뼈로 우린 탕) 라멘, 도쿄 이케부쿠로 '다이쇼켄'의 츄카(中華:중화) 라멘 등 약 6개의 라멘 전문점이 모여 있다. 거기에 징기스칸, 게(뷔페식), 회전초밥에 한 그릇 가득 나오는 해산물 덮밥까지 있다. 가격은 ￥1,400～￥2,000이다. 역시 식사 시간에는 언제나 줄이 길게 늘어선다.

키타카로
北菓楼

- P26A1
- 小樽市堺町7-22
- JR오타루(小樽) 역에서 도보 30분. JR미나미오타루(南小樽) 역에서 도보10분
- 9시~18시
- 연중무휴

키타카로는 사카이마치도-리 근처에 있는 케이크 전문점이다. 전통적인 섬세한 방법을 고수하여 케이크를 굽고 홋카이도산 밀가루와 버터 등을 사용한다. 토카치(十勝) 농업이 생산하는 버터와 사탕수수에서 추출하는 설탕을 사용하고 있으며, 물도 니세코(ニセコ)에서 공수하여 쓰고 있다. 키타카로의 대표 케이크인 요세이노모리(妖精の森: 요정의 숲)는 향기롭고 섬세한 맛으로 사랑받고 있다.

오타루 운하 창고군
小樽運河倉庫郡

- P27C2
- 小樽市港町
- JR오타루(小樽) 역에서 도보 10분
- 11시~22시
- 연중무휴

오타루는 과거에 번성했던 항구로 운하 옆에는 예전에 사용했던 석조창고들이 많다. 지금은 세련된 식당가로 탈바꿈하여 대게와 털게를 배불리 먹을 수 있는 「오타루 카니쿠라부」. 매일 신선한 오타루 맥주와 독일식의 안주를 제공하는 「오타루소코 No.1」, 홋카이도만의 특색인 해산물 구이전문점 「사카나 O 숯불구이 레스토랑」. 산해진미를 구워 먹는 「홋카이아부리야 키운가소코」 등이 있다. 저녁 6시 이후, 다른 상점들이 영업이 끝나도 지인들과 함께 맛있는 음식을 먹으며 즐거운 시간을 보낼 수 있는 낭만적인 곳이다.

 숙박

호텔 노드 오타루
Hotel Nord 小樽

- P27C2
- JR오타루(小樽) 역에서 도보7분
- 小樽市色内1-4-16
- (0134)24-0500
- (0134)24-1085
- 조식 포함 1인당 ¥5,900부터, 조식 포함 운하 방향 고급 침실: ¥6,900~¥10,000
- www.hotelnord.co.jp
- 카드 사용 가능

오타루 운하 옆에는 유럽스타일의 호텔 노드 오타루가 있다. 최고급 숙박 시설을 갖추고 있으며 객실에서 오타루 운하의 야경이 보여 매우 낭만적이다.

엣츄야 여관
越中屋旅館

- P27C1
- 小樽市色内1-8-12
- JR오타루(小樽) 역에서 도보8분
- (0134)25-0025
- (0134)27-0213
- 두 끼 식사 포함 일본식 다다미방: ¥10,500부터
  두 끼 식사 포함 서양식 침실: ¥12,600부터
- 카드 사용 불가

순수 일본 스타일의 엣츄야 여관은 일본전통의 다다미방과 일본식과 서양식이 절충된 객실도 있어 일본의 전통적인 분위기를 한껏 느낄 수 있는 곳이다.

오타루 그랜드 호텔
小樽 Grand Hotel

- P27C1
- 小樽市稲穂1-4-1
- JR오타루(小樽) 역에서 도보10분
- (0134)25-1515
- (0134)23-4196
- 1인실: ¥8,000~¥12,500, 2인실: ¥16,000~¥24,000
- otaru-grand-hotel.tabite.jp/index2.htm
- 카드 사용 가능

오타루 그랜드 호텔은 오타루 역에서 도보로 5분 거리에 있는 13층 건물의 호텔이다. 제일 높은 층에는 레스토랑과 바가 있어 오타루 항구를 내려다볼 수 있다.

호텔 비브랜트 오타루
Hotel Vibrant 小樽

- P27C1
- 小樽市色内1-3-1
- JR오타루(小樽) 역에서 도보9분
- (0134)31-3939
- (0134)31-5995
- 1인실: ¥5,140~, 3인실: ¥7,240~
- www.vibrant-otaru.jp
- 카드 사용 가능

은행 건물이었던 호텔 비브랜트 오타루의 겉모습에서부터 역사의 흔적을 엿볼 수 있다. 금고를 리모델링한 객실은 따뜻한 분위기의 침대시트와 커튼이 실내를 더욱 밝게 한다. 숙박비가 저렴한 편이기 때문에 경비를 절약하고자 하는 여행객들에게는 안성맞춤이다.

호텔 뉴 미나토
Hotel New Minato

- P27D1
- 小樽市稲穂2-10-10
- JR오타루(小樽) 역 근처
- (0134)-32-3710
- (0134)25-0557
- 1인실: ¥4,200~¥5,200, 2인실: ¥7,200~¥9,600
- minato73@guitar.ocn.ne.jp
- 카드 사용 가능

호텔 뉴 미나토는 JR오타루 역의 맞은편에 위치하고 있는 가격이 저렴한 비즈니스 호텔이다. 객실은 작지만 깔끔하고, 관광지까지의 거리도 가까워 편리하다.

니세코

ニセコ NISEKO

니세코는 목조건물, 온천 등으로 둘러싸여 있으며 트레킹, 카누, 패러글라이딩, 스키, 온천을 즐기기에 제격인 곳이다. 또 에조후지(蝦夷富士)라고 불리는 요테이잔(羊蹄山)은 니세코의 랜드마크가 된 지 이미 오래다. 니세코에는 탐험 노선이 있다. 니세코의 삼대 호수와 계곡을 둘러보는 코스로, 고시키온천(五色溫泉)에서 시작하여 3대호수를 거쳐 유모토온천(湯本溫泉)으로 돌아오는 13.5km코스이다. 4시간 30분 정도 소요되고, 만일 중간에 휴식을 취하면 6시간 정도 걸릴 것이다. 시간이 너무 길다면 30분 정도 소요되는 풍경이 가장 아름다운 신센누마(神仙沼)까지만 가도 좋을 것이다.

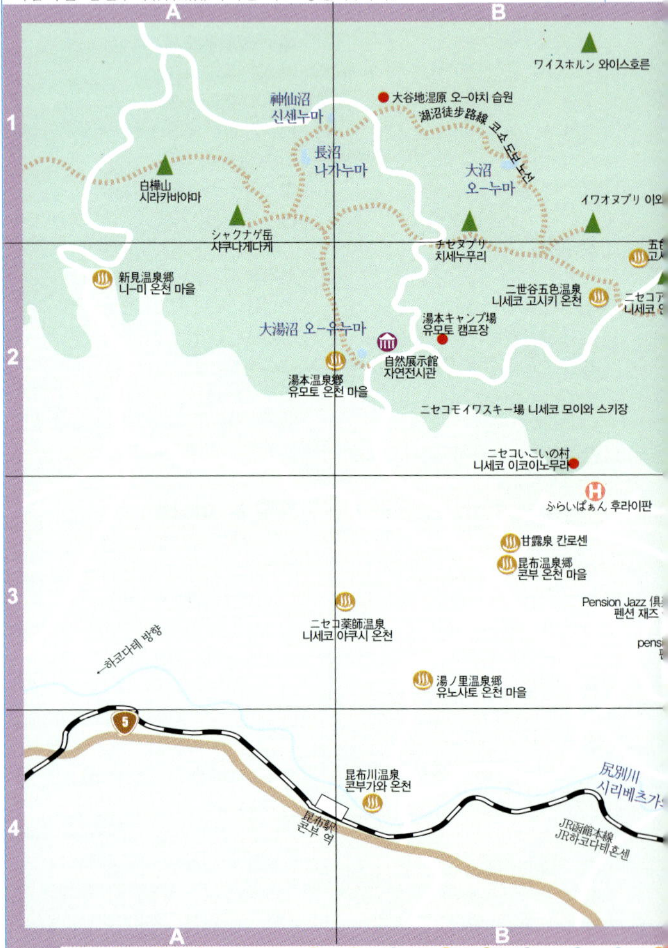

교통정보

◎교통수단
삿포로(札幌)에서 니세코(ニセコ) 방면: 오타루(小樽)에서 JR하코다테혼센(函館本線) 이용, 굿찬(俱知安)이나 니세코(ニセコ) 역에서 하차. 약 1시간 40분소요, ¥1,410엔

◎시내교통: 대중교통이 많지 않아 불편하다. 산이나 늪지로 가려면 역 앞에서 고시키온천(五色温泉)이나 니세코야마노이에(ニセコ山の家)로 가는 버스를 타야 하는데, 자주 운행되지는 않는다. 니세코 지역의 통나무집에 머무르려면 예약이 필요하다. 대부분의 숙박 시설에서는 픽업 서비스를 제공한다. 먼저 인터넷에서 니세코 버스의 운행 시간표를 확인해도 좋다.

◎여행자센터: JR니세코(ニセコ) 역 내에 위치. 근처의 숙박 시설 및 이벤트 시설 정보 제공

◎관광정보
- www.niseko.gr.jp
- www.town.niseko.hokkaido.jp

명소

신센누마
神仙沼

P36A1

JR니세코(ニセコ) 역에서 신센누마(神仙沼)행 버스 승차, 신센누마레스토하우스(神仙沼レストハウス)에서 하차(42분소요). 단 이 버스는 주말과 공휴일 및 7월 중순에서 8월 중순까지만 운행하며, 배차도 많지 않아 하루에 두 번(10:00,14:15 니세코에서 출발, 12:03,16:03 신센누마에서 출발)만 왕복 운행

신센누마는 니세코에서 가장 아름다운 늪지이다. 조용한 수면이 발산해 내는 독특한 파란색의 윤기는 선경과도 같다. 이곳은 눈도 많이 오고, 바람도 많이 불기 때문에 소나무 등의 침엽수들이 신기한 모습으로 자라나 독특한 풍경을 자아낸다. 이렇게 특별한 경치 때문에 마치 신선이 살던 곳 같다 하여 신센누마라는 이름을 갖게 되었다.

요테이잔
羊蹄山

P37D3

JR쿳찬(俱知安) 역에서 요테이잔(羊蹄山)행 버스 승차, 요테이잔토잔구치(羊蹄山登山口)에서 하차(20분소요). 산 정상까지는 5시간 소요

에조후지라는 별명을 가진 해발 1,898m의 요테이잔은 좌우가 대칭을 이루는 아름다운 산이다. 원추형의 사화산으로 니세코의 상징이며, 후지산과도 비슷하여 일본인들의 사랑을 받고 있다. 요테이잔의 샘물은 일본 명수 100선에 선정되었으며 JR쿳찬 역 앞에 음수지가 있어 마셔볼 수 있다.

오유누마
大湯沼

- P36B2
- JR니세코(ニセコ) 역에서 고시키온천(五色温泉)행 버스 승차, 유모토온센(湯本温泉)에서 하차(27분소요). 자주 운행되지 않고 하루 2회 운행(10시, 14시15분, 17시 니세코에서 출발, 11시12분, 15시17분 유모토온천에서 출발)

오유누마는 주기적으로 뜨거운 물이 수 m씩 솟아오르는 간헐천으로 현재는 늪지대의 가열 효과로 인해 주변의 모든 온천 여관들이 사용하는 온천수가 되었다. 늪 주변을 한번 돌아보면, 유황 냄새가 풍기고, 수시로 거품이 보글보글 생기는 것을 볼 수 있다. 수면에 조금씩 떠오르는 금색 원모양의 유황이 매우 눈에 띈다. 옆에는 족탕이 마련되어 있어 의자에 앉아 족욕을 즐길 수 있다.

니세코 고시키온천
ニセコ五色温泉

- P36B2
- JR니세코(ニセコ) 역에서 고시키온천(五色温泉)행 버스 승차, 유모토온센(湯本温泉)에서 하차(39분소요). 자주 운행되지 않고 하루 2회 운행(10시, 14시15분 니세코에서 출발, 11시, 15시5분 고시키온센에서 출발). 혹은 사전에 예약하면 호텔에서 픽업서비스 제공

고시키온천은 니세코 안누푸리의 등산로 입구에 자리하고 있어 등산객들에게 인기가 많다. 니세코 고시키온천 여관과 니세코 야마노이에는 모두 온천탕과 숙박 서비스를 제공하고 있다.

니세코 야마노이에
- (0136)58-2611
- (0136)58-2917
- 1박(두 끼 식사포함)¥8,400부터, 온천은 ¥500

니세코 고시키온천 여관
- (0136)58-2707
- 가격:1박(두 끼 식사포함) ¥8,000부터, 온천은 ¥500

🍴 식당

니세코 밀크공방
ニセコミルク工房

- P37C3
- ニセコ町曾我888-1
- JR니세코(ニセコ) 역에서 택시로 8분
- (0136)44-3734
- 여름: 9시30분~18시30분, 겨울: 9시30분~18시

밀크공방은 목장과 가깝고 엄격한 품질 관리로 신선한 우유를 생산하고 있다. 어떠한 인공 원료나 색소도 첨가하지 않기 때문에 이곳에서 만드는 아이스크림과 요구르트는 향과 맛이 매우 좋다. 홍차, 녹차, 딸기, 밤, 초콜릿, 블루베리 등 16종류 맛의 아이스크림이 있다.

다방 누푸리
茶房 ヌプリ

- P37C4
- JR니세코(ニセコ) 역 내
- 9시30분~18시
- 수요일

마치 동화 속에 나오는 성과 같은 니세코 역에는 조그마한 레스토랑인 누푸리(Nupuri)가 있다. 누푸리는 아이누 족 말로 산이라는 뜻이다. 이곳의 커피는 요테이잔의 물로 끓여 맛과 향이 매우 좋다. 특히 아이스커피는 커피의 맛이 연해지지 않도록 물로 만든 얼음이 아니라 커피로 만든 얼음을 사용하기 때문에 원래의 진한 맛이 유지된다.

H 숙박

컨트리 인 밀키 하우스
Country Inn Milky House

- P37C3
- 北海道虻田郡ニセコ町
- JR니세코(ニセコ) 역에서 콘부온천(昆布温泉)행 니세코버스 승차, 안누푸리스키죠-(アンヌプリスキ-場)에서 하차 후 도보10분 (예약 시 역에서 통나무집까지 픽업 서비스 제공)
- (0136)58-2200
- (0136)58-2875
- www.niseko-milky.com
- 식사 두 끼 포함 1인당 ¥6,700~¥15,000

니세코 포테이토 공화국에 있는 밀키 하우스(Milky house)는 따뜻한 아이보리색의 외관과 넓고 쾌적한 객실을 가진 곳이다. 이곳은 새벽목장여행, 야간온천여행, 잼과 아이스크림 만들기 등의 체험 이벤트를 제공하고 있다. 객실 내에는 텔레비전, 큰 거울과 더불어 스피커가 있는데, 이곳 주인이 음악을 매우 좋아해서 모든 여행객들이 언제나 음악을 즐길 수 있도록 설치한 것이라고 한다.

펜션 반프
Pension Banff

- P37C3
- 北海道虻田郡二世谷町二世谷高原東山27-32
- JR니세코(ニセコ) 역에서 펜션까지 무료로 픽업 서비스 제공
- (0136)44-3199
- (0136)44-3626
- http://www9.ocn.ne.jp/~banff/index.htm
- 욕실이 있는 객실 1박(두 끼 식사 포함): 1인당 ¥9,500부터
  욕실이 없는 객실 1박(두 끼 식사 포함): 1인당 ¥9,000부터

이곳은 객실의 창문을 통해 웅장한 요테이잔과 니세코 고원을 볼 수 있는 아름다운 곳이다. 10여 개의 객실은 서양식과 일본식으로 나뉘어 있다. 소박한 객실에는 모두 큰 창이 있어 바깥 경치를 감상할 수 있으며 식사 메뉴도 다양하다.

토야

洞爺 TOYA

교통정보

철도
◎JR삿포로(札幌) 역~JR토야(洞爺) 역~토야코(洞爺湖): 삿포로에서 특급열차 슈퍼호쿠토(特急スーパー北斗) 이용. JR토야(洞爺) 역에서 하차 후(1시간39분소요, ￥5,760) JR토야(洞爺) 역 앞에서 토야코온천(洞爺湖温泉)행 버스 승차, 종점에서 하차(22분소요, ￥580)

◎JR하코다테(函館) 역~JR토야(洞爺) 역~토야코(洞爺湖): 삿포로에서 특급열차 슈퍼호쿠토(特急スーパー北斗) 이용. JR토야(洞爺) 역에서 하차 후(1시간44분소요, ￥5,340) JR토야(洞爺) 역 앞에서 토야코온천(洞爺湖温泉) 행 버스 승차, 종점에서 하차(22분소요, ￥580)

버스
◎삿포로(札幌)~토야코(洞爺湖): 1. 삿포로 버스터미널(札幌バスターミナル)에서 도우난(道南)버스 승차, 토야코 버스터미널(洞爺湖バスターミナル)에서 하차(2시간30분 소요, ￥2,700, 도중 조잔케이온천(定山渓温泉)지역 경유)

2. 노보리베츠온천(登別温泉)에서 도우난(道南)버스 이용(1시간15분소요, ￥1,530, 하루 왕복 2회, 겨울엔 운행하지 않음. 6~10월 중순 운행)

국립공원에 있는 토야코(洞爺湖)는 화산 활동 후 생긴 호수이다. 호수에는 자연 생태를 그대로 유지하고 있는 4개의 큰 섬이 있는데 통합해서 나카지마(中島)라고 부른다. 섬에는 토야코 삼림박물관이 있어 이곳의 자연을 자세히 소개하고 있다. 호수를 한 바퀴 순회하는 유람선이 도중에 나카지마에 머물기 때문에 섬을 둘러볼 수도 있다. 또 호반에는 온천이 있다. 온천의 탕량은 일본에서 세 번째로 많으며, 토야코온천(洞爺湖温泉)과 소베츠온천(壮瞥温泉), 두 곳으로 나누어져 있다. 토야코온천은 숙박시설이 많으며 유람선 선착장이 있어 교통이 편리하다. 소베츠온천은 숙박시설은 많지 않지만 조용하고 한적하기 때문에 휴식을 취하고 싶은 사람들에게 적합한 휴양지이다.

*반드시 좌석을 예약해야 함

시내교통
JR토야(洞爺) 역에서 토야코온천(洞爺湖温泉)까지 가는 도우난(道南)버스를 타면 된다.
시간표는 인터넷에서 확인 가능
🆙 www.donanbus.co.jp

온라인 정보
🆙 www.laketoya.com

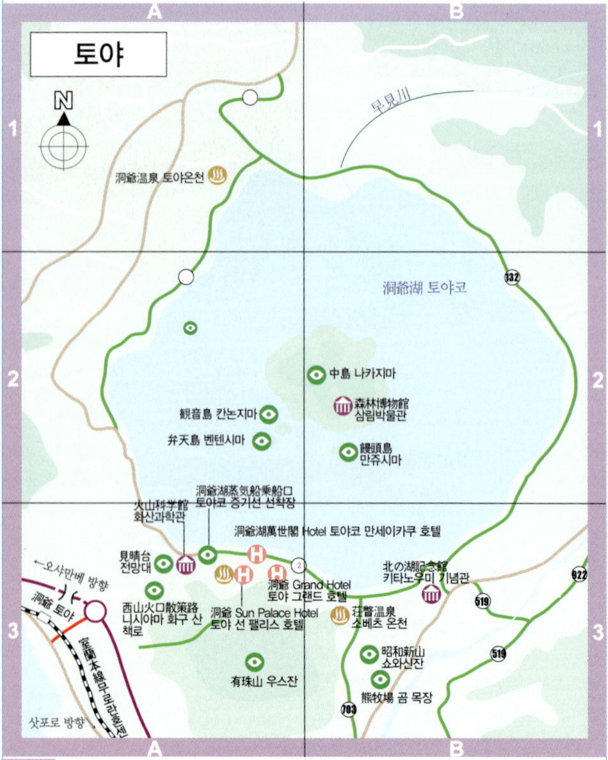

토야

洞爺温泉 토야온천

洞爺湖 토야코

中島 나카지마

観音島 칸논지마

森林博物館 삼림박물관

弁天島 벤텐시마

饅頭島 만쥬시마

洞爺湖気船乗船口 토야코 증기선 선착장

火山科学館 화산과학관

見晴台 전망대

洞爺湖萬世閣 Hotel 토야코 만세이카쿠 호텔

←오사만배 방향

洞爺 Grand Hotel 토야 그랜드 호텔

北の湖記念館 키타노우미 기념관

洞爺 토야

西山火口散策路 니시야마 화구 책로

洞爺 Sun Palace Hotel 토야 선 팰리스 호텔

壮瞥温泉 소베츠 온천

昭和新山 쇼와신잔

有珠山 우스잔

熊牧場 곰 목장

삿포로 방향

기호 설명 ⊙ 명소 ㈜ 호텔 ♨ 온천 ⑪ 박물관 ──── 일반도로 ━━━ 철로 ─⊙─ 국도 ──── 지방주요도로

토야코
洞爺湖

- P44B2
- JR토야(洞爺) 역에서 토야코온천(洞爺湖温泉)행 도우난(道南)버스 승차, 토야코온센 버스터미널(洞爺湖温泉バスターミナル) 하차, 도보 4분
- 토야코유람선 운항시간: 4월 하순~10월- 8시~16시30분 (30분마다 한 회, 25분소요), 겨울9시~16시(정시마다 한 회, 중간에 섬에서 멈추지 않음)
- 티켓 가격: 어른-¥1,320, 어린이-¥660

토야코는 화산폭발로 생긴 호수로 일본에서 세 번째로 큰 호수이다. 호수는 거의 완벽한 원형에 가까우며, 따뜻한 태평양 근처에 있어 1년 내내 얼음이 얼지 않아 일본 최북단에 위치한 얼지 않는 호수이기도 하다. 유람선을 타면 도중 가장 큰 나카지마에 잠시 정박한다. 이곳은 바로 호수의 전경을 바라보기에 최고의 장소이다.

토야코온천의 탕량은 일본에서 세 번째로 많아 다양한 온천탕과 여관이 있다. 이곳의 온천은 약식염천(弱食鹽泉)으로 운동외상 및 만성습진 치료에 효과가 있다고 한다. 또 토야코에서 약 20분 정도 떨어진 소베츠온천은 동맥경화와 습진 및 부인병에 도움이 된다고 한다. 최근 토야코에는 호수를 따라 조각공원이 조성되었다. 호수를 감싸는 43km의 도로에 대리석이나 스테인리스 또는 청동 등을 이용해 만든 39개의 조각을 배치했다. 관광객들은 예술품을 감상하며 산책을 즐길 수 있다.

쇼와신잔
昭和新山

P44B3

JR토야(洞爺) 역에서 토야코온천(洞爺湖温泉)행 도우난(道南)버스 승차, 토야코온센 버스터미널(洞爺湖温泉バスターミナル)에서 하차 후(15분소요) 쇼와신잔(昭和新山)행 도우난(道南)버스로 환승, 종점에서 하차(15분소요)

이 산은 1943년 12월 28일부터 1945년 9월 사이에 지반이 융기하여 생긴 산이다. 처음에는 지진이 빈번히 발생하다가 1944년 6월 23일 결국 화산이 폭발하여 용암이 퇴적되었다. 1945년, 지진이 멈춘 후 407m 높이의 지금의 쇼와신잔이 형성되었다. 쇼와신잔은 피라미드와 비슷한 모습의 산으로 전체적으로 고동색이어서 매우 눈에 띈다. 현재도 끊임없이 연기가 피어오르고 있고, 표면온도가 300도에 가까워 근처에 접근하는 것은 금지되어 있다.

니시야마 화구 산책로
西山火口散策路

P44A3

JR토야코(洞爺湖) 역에서 토야코온천(洞爺湖温泉)행 버스 승차, 우스잔니시구치(有珠山西口)에서 하차(약 10분소요)

4/20~11월11일(매년 계절에 따라 달라짐)

니시야마 화구는 토야코에서 가장 최근에 생긴 화산 분출구이며, 2000년 3월, 갑자기 화산이 폭발하여 마을이 파괴되고 지층이 융기되며 형성되었다. 현재는 그 주위를 화산지형 산책로로 만들어 놓았는데, 당시 재난의 피해를 입은 가옥과 융기된 지층을 볼 수 있어 살아있는 화산 폭발의 교과서가 되었다. 주위에는 유황 냄새가 진동하고 연기가 끊임없이 피어오르기 때문에 특별한 스릴을 맛볼 수 있을 것이다.

 **숙박**

토야코 만세이카쿠 호텔
洞爺萬世閣 Hotel

- P44A3
- 北海道虻田郡虻田町洞爺湖温泉町21
- JR토야(洞爺) 역에서 토야코온천(洞爺湖温泉)행 버스 승차, 츄오도-리(中央通り)에서 하차
- (0142)73-3500
- (0142)75-2271
- 2인1실 1인당 ¥8,400~¥30,000(아침, 저녁 식사포함)
- www.manseikaku-hotels.co.jp

카드 사용 가능

　토야코 만세이카쿠의 자랑거리는 꼭대기 층에 있다. 특히 여성을 위해 만든 호시노유(星の湯) 대욕탕은 토야코의 아름다운 밤하늘을 바라다 볼 수 있다. 호텔 1층에 위치하고 있는 남성을 위한 츠키노유(月の湯) 노천온천은 큰 바위를 잘라 만들어 여성 노천온천과는 달리 조금 투박한 분위기를 풍긴다.

토야 그랜드 호텔
洞爺 Grand Hotel

- P44A3
- 北海道虻田郡虻田町洞爺湖温泉町144
- JR토야(洞爺) 역에서 토야코온천(洞爺湖温泉)행 버스 승차, 츄오도-리(中央通り)에서 하차
- (0142)75-2288
- (0142)75-3434
- 2인1실, 1인당 ¥8,000~¥18,000(아침, 저녁 식사포함)
- www.grandtoya.com

　아늑한 분위기의 토야 그랜드 호텔은 단체 여행이든 개인 여행이든 모든 여행객들의 사랑을 받는 곳이다. '토노유(殿湯)'라 불리는 남성 노천온천은 원색의 바위를 이용해 자연스러움을 살린 모던한 스타일로 꾸며져 있다. '히메유(姬湯)'라 불리는 여성 욕탕은 실내에 위치하고 있지만 밝고 깔끔하며 쾌적하다.

노보리베츠

登別 NOBORIBETSU

노보리베츠는 홋카이도의 원주민인 아이누 족 말로 '희고 혼탁한 못, 색이 진한 물'을 뜻한다. 아이누 사람들이 희고 혼탁한 강으로 생각했던 노보리베츠는 현재 일본에서 인기 있는 온천지역 중 3위 안에 꼽히는 곳이다. 노보리베츠의 온천은 히요리야마(日和山), 지고쿠타니(地獄谷)에서 올라오는 유황과 오유누마, 온천거리에서 뿜어져 올라오는 온천수에서 발원되며 그 성분은 11종에 이른다. 최근 부단한 개발을 거듭하여 고급호텔이 많이 생겼고, 매일 뿜어져 나오는 양만 1만 톤으로 일본의 온천 명소가 되었다.

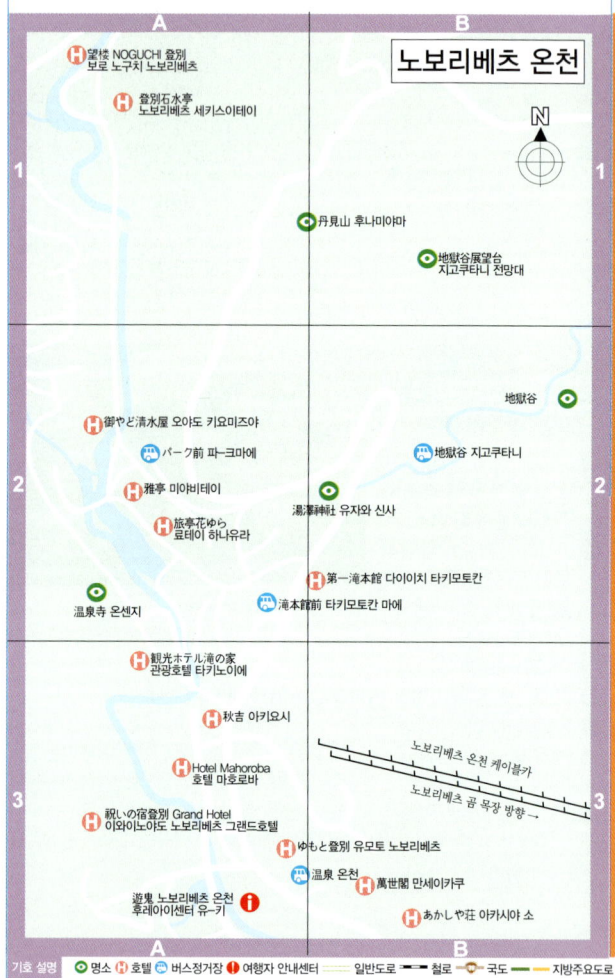

교통정보

철도

◎신치토세공항(新千歳空港)～JR노보리베츠(登別)역～노보리베츠 온천(登別温泉): 신치토세 공항(新千歳空港)에서 쾌속 에어포트(快速エアポート) 이용. 미나미치토세(南千歳)역에서 하차 후 무로란혼센(室蘭本線)의 특급열차인 슈퍼호쿠토(スーパー北斗)로 환승. 노보리베츠(登別)역에서 하차(약 40분 소요, ￥3,160). 다시 JR노보리베츠(登別)역 앞에서 노보리베츠온천(登別温泉)행 버스 승차. 노보리베츠온센(登別温泉)에서 하차(약 13분 소요, 매 시간 1~5회 운행, ￥330)

◎JR삿포로(札幌)역～JR노보리베츠(登別)역～노보리베츠 온천(登別温泉): 삿포로(札幌)에서 특급열차 호쿠토(特急北斗) 이용. 노보리베츠(登別)역에서 하차 후(약 1시간 6분소요, ￥4,360) JR노보리베츠(登別)역 앞에서 노보리베츠 온천(登別温泉)행 버스로 환승. 노보리베츠온센(登別温泉)에서 하차(약 13분소요, 매 시간 1~5회 운행, ￥330)

◎JR하코다테(函館)역～JR노보리베츠(登別)역～노보리베츠 온천(登別温泉): 하코다테(函館)에서 특급열차 호쿠토(特急北斗) 이용. 노보리베츠(登別)역에서 하차 후(약 2시간22분소요, ￥6,700) JR노보리베츠(登別)역 앞에서 노보리베츠온천(登別温泉)행 버스로 환승(약 13분 소요, 매 시간 1~5회 운행, ￥330)

버스

◎신치토세공항(新千歳空港)～노보리베츠 온천(登別温泉): 1. 신치토세공항(新千歳空港)에서 11시50분발 12시55분 도착 버스 승차. 노보리베츠 온센(登別温泉)에서 하차(￥1,330) 2. 시오미자카(汐見坂)역에서 시내버스 노보리베츠 온천(登別温泉)행으로 환승(하루 4회, ￥1,500)

◎삿포로버스터미널(札幌バスターミナル)～노보리베츠 온센(登別温泉): 홋카이도 츄오버스인 고속 노보리베츠 승차(1시간 40분소요, ￥1,900)

시내교통

JR노보리베츠(登別)역 앞에서 도우난(道南)버스 승차. 노보리베츠온센(登別温泉)에서 하차

◎도우난버스 홈페이지

www.donanbus.co.jp

여행자센터

노보리베츠 온천 후레아이센터(登別温泉ふれあいセンター): 노보리베츠 온천거리에 위치

관광정보

www.city.noboribetsu.lg.jp

노보리베츠

 명소

지고쿠타니
地獄谷

- P48B2
- 登別市登別温泉町
- 노보리베츠 온천버스터미널(登別温泉バスターミナル)에서 온천거리를 따라 도보9분

이곳에 도착하면 왜 붉은 얼굴에 무시무시한 이빨을 드러낸 도깨비가 노보리베츠의 상징인지 알게 될 것이다. 이곳의 산골짜기에는 풀이 자라지 않을 뿐 아니라, 분화구에서는 쉴 새 없이 하얀 연기가 피어오르며 짙은 유황 냄새가 진동한다. 마치 지옥의 입구에 들어선 느낌이 들 것이다. 이 부근에 사람을 편안하게 하는 온천이 있다는 것이 믿기 어려울 정도이다. 지고쿠타니는 직경 450m에 이르는 화산 분화구의 흔적이다. 산골짜기 곳곳에 무수히 많은 분기공에서는 여전히 고온의 연기가 뿜어져 나오고 있다. 그러므로 그 주위를 걸을 때에는 사고가 나지 않도록 반드시 인도를 이용해야 한다.

노보리베츠 곰 목장
登別熊牧場

- P49A2
- 登別市登別温泉町
- 노보리베츠 온천버스터미널(登別温泉バスターミナル) 근처에서 케이블카 이용 또는 도보 5분
- 7시30분~18시(6~8월: 18시30분까지, 10/21~4/20: 8시30분~16시30분)
- 11월 말~12월 중순 휴무
- 케이블카 왕복티켓과 입장권 포함 ¥2,520

노보리베츠 곰 목장에는 200여 마리의 곰이 사육되고 있다. 목장 측은 직접 곰에게 먹이를 주는 체험과 재미와 안전을 동시에 고려한 프로그램을 마련했다. 생명의 위험을 무릅쓰지 않아도 곰과 함께 즐거운 시간을 보낼 수 있을 것이다. 또 하루 4회 펼쳐지는 곰들의 공연도 놓치지 말자!

H 숙박

노보리베츠 도우오

명소

숙박

다이이치 타키모토칸
第一滝元館

- P48B2
- 登別市登別温泉町55番地
- 노보리베츠(登別) 역에서 노보리베츠 온천(登別温泉)행 버스 승차, 종점에서 하차 후 온천거리를 따라 도보5분
- (0143)84-3322(홈페이지를 통해 직접 예약 가능)
- 1박(두 끼 식사 포함) ¥9,390부터 (075)533-2006
- www.takimotokan.co.jp(영문홈페이지 있음)

다이이치 타키모토칸은 대형 욕탕과 풍부한 온천성분을 자랑하는 호텔이다. 1500평의 대형 욕탕 내에는 30여개의 각기 다른 종류의 탕이 있다. 노천온천(露天風呂:로텐부로) 외에도 증기욕실, 거품욕실, 사우나 등의 다양한 시설들이 있어 온천의 치료효과가 탁월하다. 그중에서 특히 유명한 곳은 '킨조노유(金藏の湯)'라 불리는 노천온천으로 홋카이도의 낙엽송으로 만든 욕조를 사용한다. 또 이 온천에서는 지고쿠타니가 바라보인다. 온천 성분은 식염천, 중소천 등 7가지 종류가 있으며 한 곳에서 다양한 종류의 온천을 체험해 볼 수 있다. 이곳의 식사는 룸서비스와 뷔페식 레스토랑 두 종류가 있다. 뷔페식은 게, 해산물구이, 스테이크와 주방장이 연구해서 만들어낸 독특한 맛의 다양한 요리들이 있어 여행객들의 많은 사랑을 받고 있다.

후라노

富良野 FURANO

후라노의 날씨는 프랑스 남부 프로방스와 비슷하다. 그래서 1955년부터 라벤더를 심고 에센스를 정제하는 사업이 시작되었다. 후에 인공 향료가 보급되자 라벤더를 재배하는 농가는 급격히 감소하여 결국 오늘날에는 토미타 농장만이 그 명맥을 유지하고 있다. 토미타 농장마저 라벤더 재배를 포기하려고 할 때, 한 사진작가가 찍은 라벤더 밭의 아름다운 사진이 유명해지면서 후라노는 수많은 관광객이 찾는 명소가 되었다.

교통정보

철도

◎JR삿포로(札幌) 역~JR후라노(富良野) 역:

1. JR계절한정 특급열차 후라노 라벤더익스프레스 이용(약 2시간소요, ¥4,480엔)

6월: 하루 1회, 7~8월: 하루 3회, 9~10월: 주말 및 공휴일에만 하루 1회 운행

2. 삿포로에서 특급열차 이용, 타카카와(滝川) 역에서 하차 후 네무로혼센(根室本線)으로 환승. 후라노(富良野) 역에서 하차(1시간58분소요, ¥4,030)

※시간표(1호, 2호는 7/1~8/29 운행, 5호, 6호는 7/1~8/8 운행)

삿포로 → 후라노

	삿포로 출발	아사히카와	후라노 도착
1호	8시 4분	9시 4분	9시 58분
3호	9시 15분	10시 9분	11시 1분
5호	10시 5분	11시 15분	12시 17분

후라노 → 삿포로

	후라노 출발	아사히카와	삿포로 도착
2호	14시 3분	15시 7분	16시 15분
4호	16시 28분	17시 22분	18시 30분
6호	17시 36분	18시 35분	19시 32분

버스

◎삿포로(札幌) 역~후라노(富良野) 역:

중앙 직행고속버스인 고속 후라노 이용(2시간30분소요, 성인:¥2,100엔, 어린이:¥1,050)

교통정보

시내교통

역 앞에서 자전거를 대여할 수 있다. 관광지 사이에 거리가 조금 있기 때문에 전동자전거를 이용하는 것이 좋다.

철도할인티켓

◎**후라노 비에이 프리킷푸**: 강력추천 티켓이다. 6~10월에만 발권되며 지정지역 내에서 자유롭게 보통열차 및 쾌속열차 이용이 가능하다. 삿포로~후라노 구간의 라벤더특급 왕복은 1회 사용할 수 있으며 후라노 비에이간을 잇는 노롯코(ノロッコ), 폿포야(ぽっぽや), 트윙클버스비에이(ツインクルバス美瑛)도 승차 가능하다.
삿포로 발: 6, 9, 10월(¥5,000), 7, 8월~(¥5,200)
신치토세공항(新千歳空港)발: 6, 9, 10월(¥7,000), 7 , 8월(¥7,200)
티켓 판매처: JR홋카이도(北海道) 역 미도리 창

◎**라벤더 프리킷푸**: 6~10월 한정 발권되는 1일 자유승차권이다. 타키카와(滝川), 아사히카와(旭川), 비에이(美瑛), 후라노(富良野) 사이의 보통열차 및 쾌속열차의 자유석과 트윙클버스 이용이 가능하다.(¥2,200)

🏠 **티켓판매처**: JR후라노(富良野) 역

정기관광버스

◎**후라노하나, 비에이오카코스**: 6월11일~8월31일 운행, 약 5시간 소요, ¥1,700

🏠 **티켓판매처**: 후라노 버스터미널(JR후라노 역 대각선으로 맞은 편)

➡ 후라노 역 앞(11시30분 출발) → 팜 토미타(11시45분~12시30분) → 플라워 랜드 카미후라노(12시45분~13시30분) → 신에이노오카(14시~14시10분) → 타쿠신칸(14시20분~14시40분) → 고토스미오 미술관(15시5분~15시35분) → 후라노 역 앞(16시5분) → Alpine 호텔(16시20분) → 후라노 Naturwald 호텔(16시20분) → 후라노 프린스호텔(16시20분) → 신후라노 프린스호텔(16시30분 도착)

◎**트윙클버스 후라노**: 6월4일~8월31일- 매일 운행, 9월~10월- 주말 및 공휴일에 운행
JR홋카이도철도 이용자 한정(¥1,000)

🏠 **티켓판매처**: JR 주요 역들의 미도리 창구 및 역내 여행사

➡ JR후라노 역(12시30분 출발) → 히롯데키따이에→ 로쿠고노모리 → 고로노이시노이에→ 후라노치즈공방→ JR후라노 역(16시 도착)

◎**키타노쿠니카라(北の国から)언덕지역 코스**: 6월11일~8월31일에 운행, ¥1,200, 2시간40분소요

🏠 **티켓판매처**: JR주요 역 구내의 미도리 창구 및 여행사

➡ 신 후라노 프린스호텔(8시40분 출발) → 후라노 프린스호텔(8시50분) → 후라노 Naturwald 호텔(8시50분) → JR후라노 역 앞(9시5분) → 히롯데키따이에(9시40분~9시50분) → 로쿠고노모리(9시55분~10시25분) → 고로노이시노이에(10시30분~10시45분) → JR후라노 역(11시20분 도착)

교통정보

◎**트윙클 관광버스**: 6월11일~8월31일에 운행. 팜 토미타(￥550), 후라노 치즈공방(￥150), 매일 5대의 차를 운행한다.

🏠 티켓 판매처: 후라노 버스터미널(JR후라노 역의 대각선으로 맞은편)

➡ 1. 팜 토미타 코스: 후라노 역 앞 → 후라노 와인공장 → 포도주스공장 → 팜 토미타

➡ 2. 치즈공방 코스: 후라노 역 앞 → 후라노 치즈공방

버스

◎**쾌속 라벤더호**: 후라노, 비에이, 아사히카와 역, 아사히카와 공항 구간 운행. 하루 8회 배차. 승차 시 먼저 구간티켓을 끊고, 하차 시 승차 구간에 따라 요금 지불

➡ 신 후라노 프린스호텔(8분소요, ￥170) → 후라노 프린스호텔(1분소요, ￥150) → 후라노 Naturwald 호텔(1분소요, ￥150) → 후라노 역 앞(12분소요, ￥250) → 나카후라노(12분소요, ￥270) → 카미후라노(8분소요, ￥250) → 미야마토게 라벤더밭(12분소요, ￥330) → 비에이 역(2분소요, ￥150)→ 비에이(14분소요, ￥360) → 아사히카와 공항(18분소요, ￥440) → 아사히카와 의대(10분소요, 210엔) → 아사히카와 후생병원(7분소요, ￥170) → 아사히카와 역 앞

여행자센터

후라노 관광안내소(JR후라노 역 옆에 위치)−후라노, 비에이 및 홋카이도의 최신 여행정보를 제공(4월말~10월: 9시~18시)

관광정보

🌐 www.furano.ne.jp/kankou
🌐 www.furano.ne.jp
🌐 www.city.furano.hokkaido.jp

◉ 명소

팜 토미타
ファーム富田

- P57A1
- 中富良野町北星
- 1. JR후라노(富良野) 역에서 택시로 3분
  2. JR후라노(富良野) 역에서 도보30분
  *추천교통정보: 여름에 라벤더가 필 때에는 후라노비에이 노롯코호(ノロッコ号) 승차, JR 라벤다바타케(ラベンダー畑) 역에서 하차(6월11일~8월31일은 매일, 9월은 주말과 공휴일에만 운행)
- 10~4월: 9시~16시30분
  5, 9월: 8시30분~17시
  6~8월: 8시30분~17시30분
- 무휴
- 무료
- http://www.farm-tomita.co.jp/

팜 토미타는 하나비토 꽃밭, 사키와이 꽃밭, 향수의 집, 증류의 집, 이로도리 꽃밭 등, 크게 5개 구역으로 나누어져 있다. 그중 이로도리 꽃밭은 팜 토미타를 대표하는 화원으로 마치 호화 양탄자가 깔려 있는 것처럼 형형색색의 화려한 꽃들이 가득 피어나 있다. 꽃구경 외에도 팜 토미타에서 직접 개발하여 생산한 제품들을 쇼핑하는 것도 큰 즐거움이다. 특히 향수, 비누, 입욕제, 라벤더 사탕, 쉽게 키울 수 있는 라벤더캔 등은 다른 곳에서는 구입할 수 없다. 또 보라색의 라벤더 아이스크림의 맛은 환상적이다.

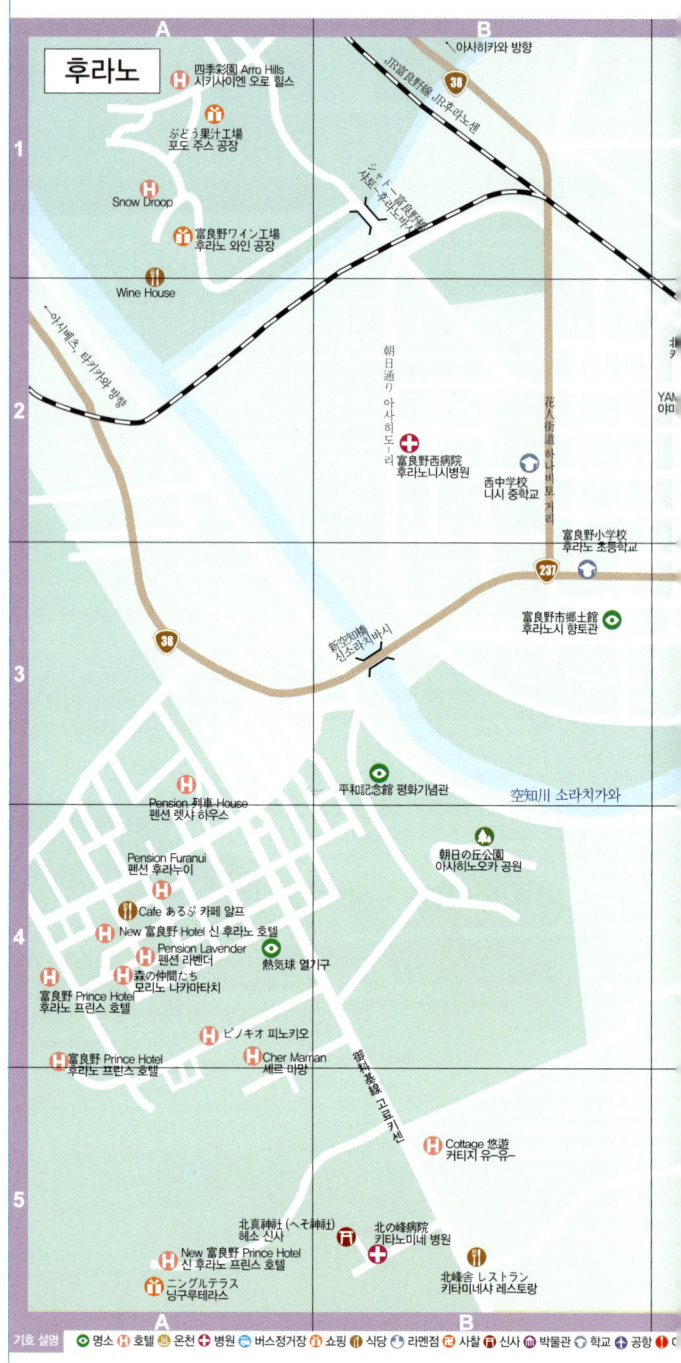

사이카노사토
彩香の里

- P57A2
- 中富良野町丘町6-1
- 1. JR후라노(富良野) 역에서 도보30분
  2. JR후라노(富良野) 역에서 자전거로 10분
- 6~9월: 8시~17시

쵸에이 라벤다엔
町営ラベンダー園

- P57A1
- 中富良野町宮町1-11
- JR후라노(富良野) 역에서 도보 10분
- 리프트 탑승시간: 7월초~8월 중순- 9시~17시(탑승은 16시 45분까지)
- 무료, 리프트 어른: ¥300

리프트를 타고 라벤더 꽃밭에서 언덕 정상으로 가면 쵸에이 라벤다엔을 만난다. 천천히 오르다 보면 바람을 따라 은은히 전해져 오는 라벤더향기를 맡을 수 있을 것이다. 리프트에서 바라보면 시야가 드넓게 펼쳐져 공중에서 라벤더 밭과 토카치다케가 한 눈에 들어온다. 쵸에이 라벤다엔에는 라벤더

플라워랜드 카미후라노
フラワーランド上富良野

- P57A1
- 上富良野町西5北27号
- 1. 후라노 꽃, 비에이 언덕 관광버스 승차
  2. JR 후라노(富良野) 역에서 택시로 10분
- 4~11월: 9시~17시(6~8월 18시까지)
- 꽃이 피는 계절은 무휴
- 6~9월: ¥500, 4~5월, 10~11월: 무료

토카치다케를 배경으로 하는 플라워랜드 카미후라노는 라벤더, 해바라기, 백합 등의 꽃이 언덕을 따라 가득 피어나는 곳이다. 그중 화려한 색의 사루비아는 다양한 색을 가지고 있는데 그중에서 보라색이 가장 인기가 많다. 라벤더로 착각하기가 쉬워서 라벤더 철이 지나고 난 뒤에 사루비아 앞에서 사진을 찍으려는 사람들도 많다.

💲 **무료**

사이카노사토는 멀리 보이는 지평선까지 모두 보라색의 라벤더 꽃으로 뒤덮여 있다. 언덕 지형이기 때문에 그 경사와 굴곡을 따라 꽃이 피어나 시각적인 생동감이 넘쳐난다. 언덕 정상에 오르면 저 멀리 토카치다케(十勝岳)의 아름다운 전경까지 볼 수 있어 탄성이 절로 나온다. 이곳은 라벤더 꽃밭 외에도 해바라기 등의 화려한 꽃들이 곳곳에 피어있어 매우 아름답다. 또 원하는 만큼 라벤더를 꺾어오면 건조시켜서 꽃다발로 만들어주는 서비스도 제공하고 있다. (한 다발: ￥700) 주인이 주는 봉지 안에 들어가는 범위 내에서는 모두 한 다발이다.

후라노 도우오

👁 명소

외에도 해바라기, 해당화 등의 꽃들이 가득 피어 있다. 리프트를 이용해 라벤더 밭을 공중에서 산책할 수 있기 때문에 라벤더가 만개하는 7월 중순에는 수많은 관광객들이 이곳으로 몰려든다.

라벤다노모리 (하이랜드 후라노)
ラベンダーの森(ハイランド富良野)

- P57A2
- 富良野市島の下
- JR후라노(富良野) 역에서 하이랜드후라노(ハイランド富良野) 행 버스 승차, 종점에서 하차
- 무료
- 1박(두 끼 포함): ¥6,500부터, 1박(아침식사 포함): ¥4,500부터

이곳은 후라노시에서 가장 큰 라벤더 꽃밭으로 넓디넓은 꽃밭 속에 미풍이 살며시 불어오면 꽃들이 바람에 따라 살랑살랑 흔들리기 때문에 '라벤더의 바다'라는 이름으로 불린다. 라벤더 꽃밭 위쪽에 있는 흰색 건물은 하이랜드 후라노야이다. 숙박 시설 외에도 일반 고객이 사용하는 온천 호텔을 개방하고 있다. 하이랜드 후라노야의 온천은

히노데 공원
日の出公園

- P57A1
- 上富良野町日の出
- JR후라노(富良野) 역에서 도보 15분 또는 택시로 5분
- 무료

후라노의 발상지인 히노데 공원

무색, 투명, 무취의 단순 유황천으로 후라노의 유일한 온천이다. 마음껏 꽃밭을 둘러본 후에 이곳에서 온천을 즐기면 라벤더의 향기로 심신이 모두 정화되는 것 같아 마음이 편해질 것이다.

은 일본 최초, 최대의 라벤더 화원으로 초여름이 되면, 언덕 전체가 온통 보라색으로 뒤덮이는 아름다운 풍경을 자랑한다. 언덕 위에는 전망대가 있어서 360도로 라벤더밭, 카미후라노의 전원, 토카치다케와 녹색과 보라색이 언덕이 끊임없이 이어져 있는 것을 볼 수 있다. 전망대에는 음료수 자판기와 조그마한 기념품 판매소, 벤치가 있어 휴식을 취할 수 있다. 기념사진을 찍는 데 가장 좋은 장소는 전망대 앞에 있는 사랑의 종으로 흰색의 종과 보라색의 라벤더가 로맨틱하게 어울려 사진 촬영지로 사랑받고 있다.

후키아게 노천탕
吹上露天の湯

- P57B1
- 上富良野町吹上温泉郷
- JR후라노(富良野) 역에서 토카치다케(十勝岳)행 버스 승차, 후키아게이코이노히로바(吹上いこいの広場)에서 하차
- 무료

드라마 "키타노쿠니카라(北の国から:1981년부터 21년 동안 방송된 일본 국민드라마)"에서 나왔던 후키아게 노천탕은 여배우 미야자와 리에(宮沢理絵)가 이곳에서 목욕했다고 전해지면서 유명해졌다. 자연 속에 개방되어있고 암석으로 둘러싸여 있어 분위기가 독특하다. 남녀혼욕이기 때문에 반드시 수영복을 준비해야 한다.

쇼핑

닝구루테라스
ニングルテラス

- P56A5
- 富良野市中御料, 新富良野プリンスホテル
- JR후라노(富良野) 역에서 택시로 10분(¥1700)
- 12시~21시(계절, 날씨에 따라 변동 있음)
- 무휴(4월초~말, 11월초~12월초는 신상 입고 시즌이므로 부정기 휴무임)

이곳은 신 후라노 프린스호텔의 숲 속에 있다. 숲 속에는 17개의 목조건물이 있는데 이곳에서는 제지, 부엉이 목각, 목조 수공예품, 일본 종이 제품, 오르골, 촛불 등을 판매하고 있다. 모두 수공예들로 정교하고 귀여운 제품들이 눈길을 끈다. 밤이 되어 불이 켜지면 더욱 낭만적이다. 오전이나 오후 어느 때에 오더라도 또 다른 후라노의 분위기를 느낄 수 있다.

식당

후라노 치즈공방
富良野チーズ工房

- P57C5
- 富良野市中五区
- 1. 미니 관광버스의 치즈공방 코스 이용
  2. JR후라노(富良野) 역에서 택시로 10분
- (0167)23-1156
- (0167)23-3600
- 4~10월: 9시~17시, 11~3월: 9시~16시
- 무휴

- 버터, 아이스크림 제작(40분소요, ¥680), 빵, 쿠키 제작(90분소요, ¥780), 치즈제작(3시간소요, ¥6,300) *예약필수

후라노 치즈공방은 후라노의 대표적 체험공방으로 이곳에서는 손으로 직접 치즈를 만들어 볼 수 있다. 하지만 강습시간이 3시간으로 짧기 때문에 40분 정도 소요되는 버터 만들기 교실을 선택해도 무방하다. 이밖에 아이스크림, 제빵, 제과 과정도 매우 간단하다. 선생님이 도안을 한 장 나눠주면 그 그림을 따라서 만들기만 하면 된다.

미야마토-게
深山峠

- P57A1
- 上富良野町西9北34号
- 1. JR후라노(富良野) 역에서 택시로 10분
  2. 쾌속 라벤다호(快速ラベンダー号) 버스 이용
- 무료

미야마토-게는 비에이에서 후라노로 가는 237번 국도에 있다. 6월 말부터 점점 옅은 보라색으로 물들기 시작하여 7월 중순이나 8월 초가 되어 라벤더 등 각종 꽃이 만개할 때가 가장 아름답다. 이때에는 라벤더를 꺾어서 가져갈 수 있다(한 묶음 ¥600). 그리고 높은 곳에 있는 전망대에서는 언덕의 경치 전체를 내려다 볼 수 있을 뿐만 아니라 멀리 토카치의 산봉우리까지 바라 볼 수 있다.

미야마토-게 라벤더 밭 앞에는 카미후라노비-루칸이라고 하는 레스토랑이 있다. 추천메뉴는 후라노 특산소 사가리이고(¥800), 육질이 신선하며 부드럽다.

쿠마게라
くまげら

- P57C2
- 富良野市日の出町3-22
- JR후라노(富良野) 역에서 도보 2분
- 11시30분~24시
- 무휴

이곳은 후라노 역에서 매우 가까운 레스토랑으로 키타노쿠니카라(北の国から)라는 드라마에서 주인공인 고로가 친구와 술을 마시며 이야기를 나누던 곳이다. 이곳의 가장 유명한 요리는 후라노 일본소 육회(￥1,900)이다. 후라노 소의 육회포를 뜨끈뜨끈한 쌀밥 위에 얹어 먹으면 그 신선함은 이루 말할 수 없다. 그 외에 사슴고기, 치즈두부 등 후라노의 향토요리도 맛볼 수 있다.

야마도리
YAMADORI

- P57C2
- 富良野市朝日町4-22
- JR후라노(富良野) 역에서 도보 2분
- 11시~20시(봄, 가을, 겨울), 11시30분~15시, 17시~21시30분(여름)
- 부정기 휴무

야마도리는 야키니쿠(고기구이) 전문 레스토랑이다. 추천메뉴로는 스테이크(￥2,400)가 있는데, 후라노 꽃등심, 소 혀 구이, 소 허벅지 구이를 포함한다. 물론 따로따로 주문할 수도 있다. 야키니쿠 외에도 이곳에서는 수많은 독창적인 요리들을 맛볼 수 있다. 그중 포테멘(감자우동, ￥610)은 미식가들이 반드시 맛보는 명물이다.

🅗 숙박

펜션 라벤더
Pension Lavender

- P56A4
- 富良野市北の峰町16-21
- 1. 후라노(富良野) 역에서 택시로 8분 2. JR후라노(富良野) 역에서 후라노버스 승차, 나투루와루토(ナトゥールヴァルト)에서 하차, 도보5분 *비성수기에는 무료로 픽업 서비스 제공
- (0167)23-1077
- (0167)23-1015
- 7/1~9/30: 1박(두 끼 식사포함)- ¥8,300, 12/30~1/3: 1박(두 끼 식사포함)- ¥9,000, 평일 1박(두 끼 식사포함): ¥7,800(11세 이하 어린이: ¥2,000)
- 카드 사용 불가
- asakawa@cello.ocn.ne.jp

이곳을 방문하는 손님들은 라벤더라는 이름만 들어도 후라노를 방문할 때의 기대를 거의 채울 수 있을 것이다. 펜션 라벤더는 1987년에 지어진 목조 건물로, 순백색의 외관이 순수함을 연상시킨다. 또 분홍색이 드문드문 어우러져 있어서 홋카이도의 새파란 하늘과 비취빛 초원 및 현관의 라벤더 꽃밭과 아주 잘 어울린다. 아마도 이곳은 모든 소녀들이 꿈에 그리던 공간일 것이다.

셰르마망
Cher Maman

- P56A4
- 富良野市下御料
- JR후라노(富良野) 역에서 택시로 10분(약 ¥1,200) *무료로 픽업서비스 제공
- (0167)22-5550
- (0167)22-5559
- 7월3일~8월20일: 1박(두 끼 포함)-¥9,800, 평상시: ¥8,800

셰르마망은 프랑스어로 친애하는 어머니라는 뜻이다. 숲으로 둘러싸여 있어 고즈넉한 분위기를 자아내고 있다. 각 객실에는 흰색 커튼이 드리워진 창문이 있다. 이곳의 식사는 매우 훌륭한데 모두 이곳 주인이 오랜 시간 연구해낸 결과이다. 특히 따듯한 분위기로 가득한 벽난로와 맛있는 요리는 크리스마스를 보내는 것 같은 즐거움을 선사할 것이다.

펜션 후라누이
Pension FURANUI

- P56A4
- 富良野市北の峰町13-15
- 1. JR후라노(富良野) 역에서 택시로 10분
  2. JR후라노(富良野) 역에서 후라노 버스 라벤다호(ラベンダー号) 승차, 키센(基線)에서 하차, 도보 5분
- (0167)22-2480
- (0167)22-5674
- 7월1일~8월16일, 12월30일~1월3일: 1박(두 끼 포함) ￥7,900, 평상시엔 ￥6,900
- 카드 사용 불가
- furanui@furano.ne.jp
- www.furanui.yad.jp

아이누 족은 후라노를 냄새나는 불꽃이라는 뜻의 후라누이라고 불렀다. 후라노 근처에 있는 토카치다케가 화산구이고, 그곳에서 흘러나

모리노 나카마타치
森の仲間たち

- P56A4
- 富良野市北の峰町16-43
- JR후라노(富良野) 역에서 택시로 10분(약 ￥1,200), 후라노(富良野) 역에서 후라노버스 라벤다호(ラベンダー号) 승차
- (0167)23-6310
- 카드 사용 불가

- 12월1일~3월31일: 조식 포함 1박- ￥6,500, 주말과 휴일: ￥7,000, 평상시: ￥6,000

모리노 나카마타치는 두 동으로

펜션 렛샤 하우스
Pension 列車ハウス

- P56A3
- 富良野市北の峰町24-3
- 1. JR후라노(富良野) 역에서 버스 라벤다호(ラベンダー号) 승차, 키센(基線)에서 하차, 도보 5분(운행 횟수 적음)
  2. 후라노(富良野) 역에서 택시로 6분
  3. 자전거로 20분
- (0167)22-3217
- (0167)22-3217
- 1박(두 끼 포함): ￥4,500~8,500

이곳은 파란색 기와와 흰색 벽이 인상적인 집이다. 창문을 열차의 창문처럼 디자인해 놓았으며, 마치 고급 열차의 침대칸에서 잠을 자는 느낌이 든다. 여름이 되면 저녁 식사를 할 때가 가장 시끌벅적해진다. 이곳의 주인인 타케다씨가 오픈식 베란다에서 직접 신선한 홋카이도의 고기와 후라노의 야채를 구워주기 때문이다. 홋카이도의 시원한 여름 미풍을 타고 맛있는 바비큐 향이 코끝으로 전해져 아주 즐겁고 맛있는 저녁시간을 보낼 수 있다.

오는 물에서 유황 냄새가 나기 때문이다.

오래된 목조 건물인 후라누이는 후라노의 기원과 역사가 같다. 현재 이곳은 후라노에서도 중요한 위치를 차지하고 있으며 독일 요리와 온천으로 그 이름을 알리고 있다.

되어 있는 조그마한 나무집으로 각 동에는 거실과 주방이 있고, 1층은 거실과 주방, 2층은 침실로 이루어져 있다. 가족여행에 적합하고 친구들과 함께 와도 좋다. 1층의 거실과 주방에는 텔레비전, 전화, 욕실, 화장실, 냉장고, 주방 가구, 전기밥솥 등의 전기용품 등이 있으며, 식사 준비에 필요한 조미료도 모두 구비되어 있다. 완벽한 조리시설은 손님들이 현지에서 직접 장을 보고 요리를 만들어 먹는 즐거움을 선사한다. 그러므로 이곳은 저녁을 제공하지 않는다.

북쪽나라에서(北の国から)의 배경무대 방문!

「북쪽나라에서」는 일본에서 아주 인기가 있었던 드라마로, 주인공 고로와 그의 두 아들인 쥰과 케이가 홋카이도에서 살아가는 이야기를 그린 드라마이다. 이 드라마의 공간적 배경이 바로 후라노이다. 쇼와(昭和) 56년(1981년)에서 헤이세이(平成) 14년(2002년)까지 여러 편으로 나뉘어 방영되었다. 이야기의 주인공인 할아버지들이 어렸을 때부터 살았던 고로노이시노이에(五郎の石の家), 삼방메노이에(三番目の家), 폐기물로 만들어진 히롯데키따이에(拾ってきた家) 등이 바로 이곳 후라노에 있는 것이다. 「북쪽나라에서」의 촬영지를 돌아보는 가장 편리한 방법은 키타노쿠니카라 관광버스(北の国から観光バス)를 타는 것이다. 고로노이시노이에의 버스 입구에는 아름답고 조그마한 꽃밭이 있는데 이곳에는 라벤더가 만발해있다. 히롯데키따이에의 조그마한 기념품점에서는 「북쪽나라에서」 비스킷 등의 기념품을 구입할 수 있다. 로쿠고노모리(麓郷の森) 안에는 낭만적인 카페와 홋카이도 기념품 판매점이 있다.

비에이

美瑛 BIEI

포플러나무가 보리밭 한가운데 우뚝 서 있고, 소나무가 언덕 위에 홀로 서 있는 비에이의 지평선은 아무리 봐도 질리지 않는다. 마음을 가라앉히고 가만히 귀 기울이면 대자연의 소리가 들려온다. 비에이는 홋카이도의 대표적인 농업 지역으로 감자, 밀 등 이곳에서 생산되는 농산물의 품질은 일본에서도 단연 최고이다. 파도처럼 이어지는 밭이랑은 마치 한 폭의 그림 같다. 패치워크 코스와 파노라마 로드는 비에이에서 가장 인기 있는 여행코스이다. 비에이는 구릉지대이다. 지형의 굴곡이 분명해서 사진작가들이 매우 좋아하는 곳이기도 하다. 형형색색 아름답게 어우러지는 전원의 경치로 인해 관광객들도 사진 찍기에 여념이 없다.

교통정보

삿포로에서 비에이까지 가는 방법은 후라노 소개를 참고하면 된다.
1. 후라노(富良野)~비에이(美瑛): JR후라노센(富良野線) 이용, 41분소요, ¥620
2. 아사히카와(旭川)~비에이(美瑛): 34분소요. ¥530
*삿포로에서 비에이까지는 아사히카와에서 JR후라노센으로 환승

시내교통
◎자전거 이용

언덕길이 많은 지형이기 때문에 전동자전거를 이용하는 것이 좋다. 비에이에는 패치워크 코스와 파노라마 로드 등의 자전거 노선이 있다. 일반 여행객들은 그중에 하나를 선택하지만, 트윙클버스 비에이 노선에 자전거 노선을 더해서 비에이의 관광지를 돌아보는 것도 좋은 선택이다. 역 앞에 있는 상점은 일반 자전거와 등산용 자전거를 대여하고 있지만 전동자전거는 없다. 그 오른쪽에 있는 상점에는 전동자전거 대여가 가능하다.

	1시간	5시간 이상
일반자전거	¥200	¥1,000
등산자전거	¥300	¥1,500
전동자전거	¥600	¥3,000

교통정보

정기관광버스

◎트윙클버스비에이: JR 철도 이용자 전용 관광버스이다. 구릉노선(패치워크)과 타쿠신칸(拓真館)노선(파노라마로드)이 있다. 약 55분 소요. ￥600

6월5일~8월31일(매일 운행), 9월과 10월(주말과 공휴일에 운행)

🏠 티켓 판매처: 각 JR대형 역의 미도리 창구와 여행사, 혹은 JR비에이(美瑛) 역에서 구매 가능

◎언덕코스: JR비에이 역 → 켄과 메리 나무 → 오야코노키 → 세븐스타 나무 → JR비에이 역

⟨6/5~6/30 운행시간표⟩

	1호	2호	3호
JR비에이 역 출발	9시 20분	11시 5분	15시 15분
JR비에이 역 도착	10시 15분	12시	16시 10분

⟨7/1~8/31⟩

	1호	2호	4호
JR비에이 역 출발	9시 20분	10시 50분	11시 55분
JR비에이 역 도착	10시 15분	11시 45분	12시 50분

	7호	7호	7호
JR비에이 역 출발	14시 15분	15시 15분	16시 15분
JR비에이 역 도착	15시	16시 10분	17시 10분

⟨9,10월의 주말 및 공휴일⟩

	1호	3호	7호
JR비에이 역 출발	9시 20분	11시 5분	15시 15분
JR비에이 역 도착	10시 15분	12시	16시 10분

◎타쿠신칸코스: JR비에이 역 → 신에이노오카 → 타쿠신칸 → 시키사이노오카 → 비바우시초등학교 → JR비에이 역

⟨6/5~6/30, 운행시간표⟩

	2호	3호
JR비에이 역 출발	13시 5분	15시 40분
JR비에이 역 도착	14시 35분	17시 10분

⟨7/1~8/31⟩

	1호	2호	3호
JR비에이 역 출발	10시 45분	13시 5분	15시 40분
JR비에이 역 도착	12시 15분	14시 35분	17시 10분

※후라노, 비에이 프리킷푸 (4일간 유효), 루모이, 후라노 프리킷푸(6일간 유효), 라벤더프리킷푸(4일간 유효)를 갖고 있으면 무료로 탑승 가능
*JR 철도 패스 소지자는 별도요금 지불

교통정보

◎**트윙클버스비에이 아트로드**: 9~10월의 주말 및 공휴일에만 운행되는 JR 철도 이용자 전용 관광버스이다. 주요 노선은 타쿠신칸으로 비에이의 가을 경치를 감상할 수 있다.
JR비에이(美瑛) 역에서 13시5분 출발하여 다시 돌아오는 시간은 15시이다. 약 2시간 정도 소요. ¥1,500

🏠**티켓 판매처**: 각 JR대형 역 미도리 창구나 여행사. 혹은 JR비에이(美瑛) 역에서 구입 가능

명소

패치워크 코스
パッチワークの路

P70B2

이곳에서는 TV광고에 등장했던 아름다운 장소들을 볼 수 있다. 담배광고의 한 장면이었던 마일드세븐 언덕(マイルドセブンの丘), 세븐스타 나무(セブンスターの木), 켄과 메리 나무(ケンとメリーの木), 오야코노키(親子の木) 등과 꽃이 만발한 제루부노오카(ぜぶるの丘), 호쿠세이노오카 전망공원(北西の丘展望公園) 등이 있다.

1 시키노죠호칸: 四季の情報館
비에이 역 앞에 있으며 비에이의 관광 정보 및 특산품을 전시하고 있다. 가장 눈길을 끄는 것은 예술 전람품. 유명 사진작가인 마에다 신조의 작품이다.

2 비에이 역: 美瑛駅
비에이 역은 일본 명소 100선에 이름을 올린 곳이다. 비에이의 연석을 절단해서 건축하여 자연스럽고 소박하면서도 우아하다.

3 켄과 메리 나무: ケンとメリーの木
국도 237번을 따라가다 보면 7-11 편의점이 보이는데 먼저 이곳에서 물을 사서 다시 출발한다. 이어지는 길에는 상점이 없는데다가 언덕길이고, 또 햇빛을 피할 장소가 없기 때문에 반드시 마실 물을 준비해야 한다. 켄과 메리 나무는 포플러나무과로 1971년 자동차 광고의 촬영지가 된 후에 이러한 이름이 붙게 되었다.

4 세븐스타나무: セブンスターの木

먼저 담배 광고의 촬영 장소였던 유명한 마일드세븐 언덕으로 향한다. 이곳은 특히 해 질 때의 풍경이 가장 아름답다. 호쿠에이 초등학교(北瑛小学校)에서 오른쪽으로 가면 볼 수 있는 세븐스타나무 역시 세븐스타 담배 광고 속에 나온 후 유명해졌다.

5 오야코노키: 親子の木

나무 세 그루가 전망 좋은 언덕에 나란히 서 있는 모습이 멀리서 보면 마치 아빠, 엄마, 아이의 모습 같다 하여 '부모와 자식 나무'라는 뜻의 오야코노키라는 이름이 붙었다.

6 호쿠세이노오카 전망공원: 北西の丘展望公園

비에이 시의 북서쪽에 위치하고 있기 때문에 이런 이름이 붙게 되었다. 공원에는 라벤더 꽃밭, 해바라기 꽃밭 등이 있으며, 관광안내소 등의 편의시설도 있다.

7 블랑루즈: Blanc Rouge

이곳은 포테토노오카(ポテトの丘) 유스호스텔 옆의 조그마한 숲 속에 있는 유럽 레스토랑이다. 주방장이 비에이의 아름다운 경치를 매우 좋아해서 부인을 데리고 이곳으로 와서 레스토랑을 개업했다. 비에이에서 재배한 감자, 야채, 치즈로 만든 맛있는 요리로 사랑받는 곳이다. 비프스튜(￥1,080), 영계와 양배추 요리(￥980)는 이 레스토랑을 대표하는 메뉴이다.

8 마일드세븐 언덕: マイルドセブンの丘

포테토노오카 유스호스텔을 따라 올라가다 보면 카이타쿠 기념공원을 지나게 된다. 조금 더 가면 붉은색 처마가 있는 독일 스타일의 Land Coffee를 만난다. 이곳에서 커피를 마시거나 독일 현지의 가정식 요리를 맛보며 잠시 휴식을 취하자. 다시 조금 더 가면 유명한 마일드세븐 언덕이 나온다. 이곳은 담배 광고에 나온 뒤 지명도가 높아졌다. 특히 석양이 질 때가 매우 아름다워 사진촬영을 좋아하는 사람들이 많이 몰려든다.

9 돌아오는 길

길을 따라가다 보면 밀밭과 꽃밭이 나오기도 하고 푸른 초원을 지나기도 한다. 매년 7월이 되면 많은 사진작가들이 비에이를 찾아와 멋진 경치를 사진에 담는다.

파노라마 로드
パノラマロード

P71C3

파노라마 로드는 237번 국도를 따라 동남쪽으로 펼쳐진 곳이다. 아름다운 나무들이 지평선에 빼곡히 서 있으며, 양 옆으로는 토카치의 산봉우리들이 감싸고 있다. 풍경 사진작가인 마에다 신조의 갤러리인 타쿠신칸을 중심으로 신에이노오카 전망공원, 산아이노오카 전망공원의 전망대는 이곳의 모든 풍경을 내려다볼 수 있는 좋은 장소이다. 이 길은 자전거로 다니기에는 조금 힘들기 때문에 관광버스를 이용하는 것이 좋다.

1 신에이노오카 전망공원: 新栄の丘展望公園

신에이노오카 전망공원은 일본에서 석양이 가장 아름다운 곳이라고 한다. 노란 보리밭과 푸르른 언덕이 교차되어 있고 평원엔 나무들이 길게 늘어서 있으며, 작은 숲들이 옹기종기 모여 있는 독특한 경치를 자랑한다. 여름에는 라벤더, 해바라기 등의 꽃이 만발한다. 공원 내에는 화장실, 주차장, 휴게소 등의 편의시설이 갖춰져 있다. 성수기에는 주위 교통이 매우 복잡하기 때문에 주의해야 한다.

 비에이 도우오

 명소

2 크리스마스트리노키: クリスマスツリーの木

크리스마스트리처럼 생겼다고 이런 이름을 갖게 되었다. 신에이노오카 전망대에서 38분 정도 소요된다.

3 비바우시 역: 美馬牛駅

비에이에서 이어지는 언덕길에 있는 비바우시 역은 정말 조그마하고 귀엽다. 규모가 작기 때문에 표를 판매하는 곳도 없다. 역 앞에는 자전거를 대여해 주는 사토(佐藤) 상점이 있다.

4 비바우시 초등학교: 美馬牛小学校

이 학교에는 뾰족한 첨탑이 있어 석양이 질 때 멀리서 바라보면 아주 아름답다. 이때가 되면 프로건, 아마추어건 많은 사진 마니아들이 몰려든다. 가끔씩 구름이 노을을 가릴 때는 묵묵히 기다리고 있다가 구름이 걷히고 나면 찰칵찰칵하는 셔터 소리가 끊이질 않는다. 어떤 사진작가들은 오랜 시간 비에이에 머물면서 더욱 더 좋은 사진을 렌즈에 담으려고 한다. 이곳의 풍경은 많은 사진작가의 사진 속에서 볼 수 있다.

5 타쿠신칸: 拓真館

- 5~10월: 9시~17시, 11~4월: 10시~16시
- 무휴

타쿠신칸은 유명한 사진작가인 마에다 신조의 작품을 전시하는 갤러리로 1987년 7월 개관했다. 마에다 신조가 1998년 11월 세상을 떠난 후로 이곳의 작품들은 가치를 더하게 되었다. 원래는 학교의 본관으로 쓰였지만 폐교된 후 사진 작품 전시관이 되었다. 전시된 작품은 전부 비에이의 경치를 담고 있다. 이곳에서는 비에이의 사계절을 담은 작품을 감상할 수 있을 뿐 아니라 마에다 신조의 작품집, 포스터, 편지지도 구입할 수 있다. 또 이 전시관은 더욱더 많은 사람들이 비에이의 경치를 감상할 수 있도록 하기 위해 무료로 개방된다. 본관 2층의 전망대에서는 드넓은 라벤더 꽃밭을 감상할 수 있다. 타쿠신칸 근처의 포플러나무 숲은 약 250m 길이로 뻗어 있고 한 바퀴 도는 데 5분 정도 소요된다. 타쿠신칸에 온다면 이곳도 한번 들러보자.

6 철학의 나무: 哲学の木

현지인들조차 왜 이런 이름이 붙었는지 모른다고 한다. 나무가 한쪽으로 기울어져 있어서 쉽게 알아볼 수 있다. 이 나무를 잊지 말고 꼭 찾아보도록 하자.

7 코류 목장: 交流牧場

- (0166)92-3338, 승마는 반드시 사전에 예약해야 함
- www.f-chiyoda.com/index.html
- horse@f-chiyoda.com
- 승마: 어른-¥1,000, 어린이-¥500, 부모&자녀-¥1,200, 외부 승마: 코치 동행(35분, 초보 승마자 역시 가능)-¥5,500, 근거리(20분, 유경험자)-¥3,500, 치요다노오카까지(40분, 유경험자)-¥6,000, 목장 내 승마: 체험과정(30분, 무경험자)-¥3,000, 어린이과정(15분)-¥2,500

코류 목장에는 공작, 토끼, 조랑말, 칠면조 등의 동물들이 있다. 옆에 있는 비에이 승마클럽에서는 말을 타고 천천히 비에이의 아름다운 경치를 둘러볼 수 있다.

8 치요다노오카 전망대: 千代田の丘見晴台

이 전망대는 시야가 탁 트여 전원 풍경이 한눈에 펼쳐진다. 앞쪽으로는 Beef In 치요다 레스토랑이 보이고, 뒤쪽으로는 녹색 처마가 있는 비바우시 초등학교가 보인다.

9 산아이노오카 전망공원: 三愛の丘展望公園

산아이노오카 전망공원은 신에이노오카 전망공원의 자매공원으로 날씨가 좋을 때는 동북 방향의 웅장한 토카치의 봉우리들이 보이고, 서남쪽으로는 비바우시 초등학교까지 보인다. 공원 내에는 잘 닦여진 산책로가 있고, 초여름 방울꽃

시로가네 온천
白金温泉

- P71D3
- JR비에이(美瑛) 역에서 코쿠리츠다이세츠유스호스텔(国立大雪ユースホステル)행 도호쿠(道北)버스 승차. 약 30분소요

이 필 때는 마치 꿈속을 거니는 느낌이 들 정도로 아름답다.

10 카페 키타코보: Cafe 北工房
- 10시~18시
- 수요일

북방의 나무집 분위기로 실내를 꾸민 이곳은 커피 맛이 일품이다. 이곳에서 구워낸 커피는 대상을 받기도 했다. 주인의 영어 실력 또한 대단하다. 모든 고객들을 세심하게 고려하여 커피를 주문한 고객의 첫 인상과 주문한 커피에 따라 가장 잘 맞는 커피잔을 골라 담아준다.

시로가네 온천지역은 토카치다케 서쪽 산기슭에 위치한다. 비에이 지역에 속하지는 않지만, 도호쿠 버스를 타고 30분이면 도착하는 거리에 있기 때문에 온천을 좋아하는 사람들에게 사랑받고 있다. 이 버스를 타면 온천지역의 자작나무 거리를 지나게 된다. 길의 양 옆으로 가득 늘어서 있는 자작나무를 감상하는 것만으로도 버스 요금 이상의 가치가 느껴질 것이다. 시로가네는 유산염, 염화온천이 있어서 신경통, 동맥경화, 피부병, 변비 등의 치료에 효과가 좋다.

❖ 숙박

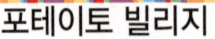

포테이토 빌리지
Potato Village

- P70B2
- 上川郡美瑛町字大村村山
- JR비에이(美瑛) 역까지 무료로 픽업 서비스 제공
- (0166)92-3255(전화로는 예약 불가)
- www.potatovillage.com @ potato@dm.mbn.or.jp
- 카드 사용 가능(예약 시 먼저 신용카드의 종류와 번호를 알려주어야 한다. 예약취소 시 신용카드로 수수료를 지불해야 한다.)
- 유스호스텔: ¥5,040(남녀구분), ¥6,300~10,190(각 방마다 욕실이 딸려 있음), 펜션: ¥6,050(남녀분리), ¥6,300~12,810(각 방마다 욕실이 딸려 있음), 모두 아침, 저녁 두 끼 포함, 로그하우스: ¥13,000부터, Cottage: ¥18,000부터

이곳의 주인인 마츠다씨는 대학을 졸업한 후 항공회사에서 30년 이상을 일했다. 직업 특성상 전 세계의 각국을 돌아다닌 그는 캐나다의 드넓은 자연, 오스트리아의 예술도 좋았지만, 비에이의 아름다움보다 더 맘에 드는 것은 없었다고 말한다. 그래서 이곳에 전 세계에서 서비스가 좋은 유스호스텔의 장점을 모아 국적이 나누어져 있지 않은 곳을 만들고 싶었다고 한다. 포테토노오카(ポテトの丘)는 위치가 매우 좋아서 입구 자체가 아름다운 비에이 전원을 그려놓은 한 폭의 그림과 같다. 여름에는 백색의 감자 꽃이, 가을에는 아름다운 단풍과 해바라기, 겨울에는 눈이 내려 은백의 세계가 된다. 감자 캐기 등의 매 계절마다 각기 다른 체험 이벤트를 제공하고 있다.

호텔 파크 힐스
Hotel Park Hills

- 비에이(美瑛) 역에서 도호쿠(道北)버스 승차 시로가네온센(白金温泉)에서 하차
- (0166)94-3041 F (0166)94-3236
- 여름: ¥13,800부터, 겨울: ¥9,600부터(아침, 저녁포함)

- www.biei-hotelparkhills.com

시로가네 호텔 파크 힐스는 시로가네 온천 입구에 위치하고 있는 유럽식 대형 온천 호텔이다. 100% 온천수를 사용하고 있으며 대욕탕 외에도 노천온천, 사우나 등의 시설을 갖추고 있다.

호시노아카리야
星のあかり屋

- 비에이(美瑛) 역에서 도호쿠(道北) 버스를 타고 호요센타(保養センター)에서 하차
- (0166)94-3535
- 9~10월, 4/21~6월: ¥8,050부터, 7~8월: ¥8,550부터, 11월~4/20: ¥7,500부터(아침, 저녁 포함)
- www9.plala.or.jp/hoshinoakariya

호시노아카리야는 온천리조트 통나무집이다. 이곳의 이름은 주인이 수집한 앤티크 소품이 노오란 빛을 뿜어내기 때문에 붙게 되었다. 그는 손님들이 이곳에 와서 집에 와 있는 듯한 편안한 느낌을 갖게 하기 위해 10개의 객실에 각기 다른 등을 비치해 놓았다. 이곳의 노천온천은 주인이 직접 파서 만든 것으로 크지는 않지만 훈훈하다.

유모토 시로가네 온천 호텔
湯元白金温泉 Hotel

- 비에이(美瑛) 역에서 도호쿠(道北) 버스 승차 시로가네온센(白金温泉)에서 하차
- (0166)94-3333 F (0166)94-3014
- 여름: ¥15,900부터, 겨울: ¥10,650부터(아침, 저녁 포함)
- www7.ocn.ne.jp/~s.onsen

유모토 시로가네 온천 240명을 수용할 수 있으며 계곡을 따라 만들어진 노천온천이 있어서 낮에는 비에이의 아름다운 경치를 감상할 수 있고, 저녁에는 별로 가득 찬 하늘을 감상할 수 있다.

*시로가네 온천지역에는 7곳의 여관과 민박집이 있다. 어떤 곳을 선택해야 할지 잘 모를 때는 일단 시로가네 서비스센터에 가면 된다. 이곳에서는 숙박시설을 소개해 주고 관련 자료와 지도를 얻을 수 있다.

아사히카와(소운쿄)

旭川(層雲峽)

홋카이도 제2의 도시인 아사히카와는 홋카이도 중심부에 자리하고 있다. 예로부터 홋카이도 개척의 중심지로서 수많은 역사적 인물과 문학가들이 이곳에 흔적이나 작품을 남겼고, 이 때문에 아사히카와는 다른 도시에 비해 문학적인 분위기가 가득하다. 이곳에는 아이누박물관, 홋카이도 전통미술공예촌, 미우라아야코 기념문학관, 조각박물관 등이 있어 전통과 문화의 도시임을 잘 나타내주고 있다. 다이세츠 국립공원 내에 있는 소운쿄는 도우오(道央) 지역에서 가장 사랑받는 온천과 등산지역이다. 아름다운 고산식물들이 펼쳐져 있으며 특히 늦가을 온 산이 단풍으로 뒤덮이면 더욱 홋카이도에서 가장 사랑받는 단풍명소가 된다.

	A	B	
1	소운쿄 層雲閣 Grand Hotel 소운카쿠 그랜드 호텔 層雲峽 Youthhostel 소운쿄 유스호스텔	層雲峽 소운쿄 滝見台 타키미다이 小函 코바코 銀河の滝, 流星の滝 긴가노타키, 류세-노타키	1
2	黒岳 쿠로타케 N 소운쿄	大函 오-바코 大函入口 오-바코 입구	2
	A	B	

교통정보

1. JR하코다테혼센(函館本線), 소야혼센(宗谷本線), 후라노센(富良野線)을 타고 아사히카와(旭川)에서 하차
2. 아사히카와(旭川)~소운쿄(層雲峽): JR아사히카와(旭川) 역에서 오호츠크호(オホーツク号)를 타고 40분 정도 가서 카미카와(上川) 역에서 하차(매일 5회 운행, ￥2,150). 역 앞에는 소운쿄 온천(層雲峽温泉)으로 가는 버스가 있다. ￥770. 소운쿄 빙폭제가 열리는 2월초에서 말까지는 무료 버스가 운행된다.
3. JR아사히카와(旭川) 역 앞에서 소운쿄(層雲峽)로 가는 버스를 타고 직접 가면 된다. 매일 7회 운행, 약 1시간50분소요, ￥1,900

시내교통

아사히카와를 관광하기 위해서는 도호쿠(道北)버스, 아사히카와 전기궤도버스, 츄오(中央)버스를 이용하면 된다. 아사히카와 역 앞에 있는 이치죠도-리(一条通)의 이치죠7 및 이치죠8 두 곳에 버스정류장이 있다. 이용하는 사람이 매우 많은 정류장이다. 여름에는 아사히카와의 주요 관광지를 도는 계절 한정 버스인 펀펀 아사히카와 구룻토 관광버스(ファンファン旭川ぐるっと観光バス)가 있다.

여행자센터

JR아사히카와(旭川) 역 옆에 있는 아사히카와 시 관광정보센터에서 아사히카와, 소운쿄의 관광정보를 얻을 수 있다.

관광정보

🆅 www.asta.or.jp 🆅 town.kamikawa.hokkaido.jp
소운쿄 얼음폭포제: 🆅 www.sounkyo.net

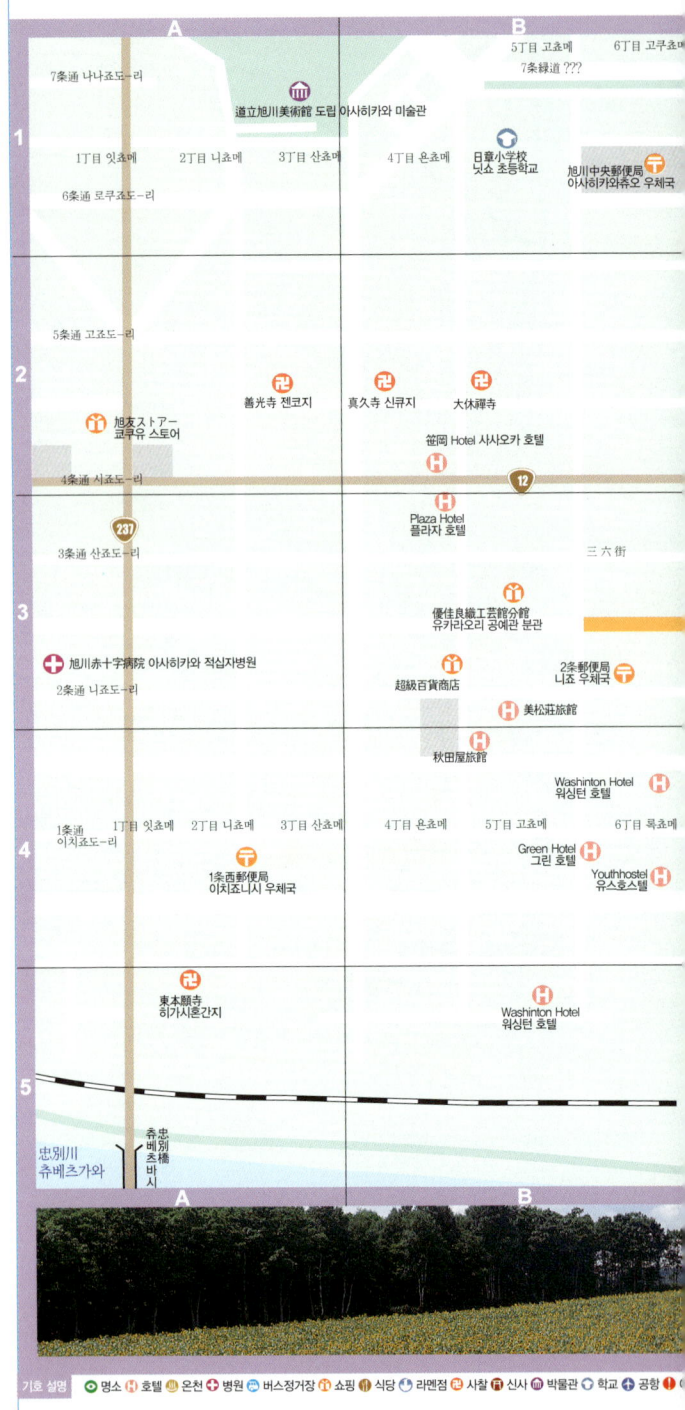

 명소

홋카이도 전통미술 공예촌

北海道伝統美術工芸村

- P82A5
- 旭川市南が丘3丁目1-1
- 이치죠나나쵸메(1条7丁目)에서 도호쿠(道北)버스 53, 67, 667호 승차, 다카사고다이(高砂台)에서 하차 후 도보15분
- 통용권: 어른- ¥1,400, 중, 고생- ¥800, 초등학생- ¥600
- www.yukaraori.co.jp

  홋카이도 전통미술 공예촌은 국제염직미술관(国際染織美術館), 유

소운쿄

層雲峽

- P80A1
- 시영버스
- 12~2월: 9시~16시, 3월: 8시~16시, 4~5월: 7시~17시, 6월~8월25일: 6시~19시, 8월26일~9월: 6시~18시, 10월1일~10월15일: 6시~17시, 10월16일~10월31일: 7시~16시30분, 11월: 8시~16시30분, 10~20분마다 한 대씩.(계절 및 날씨에 따라 변동 가능)
- 소운쿄 케이블카: 편도 어른- ¥950, 어린이- ¥480, 왕복 어른: ¥1,750, 어린이: ¥900

  다이세츠산 국립공원 북쪽에 위치한 소운쿄는 카미카와(上川)부터 오-바코(大函)까지 뻗어있는 약 24km의 협곡이다. 소운쿄에 높이 솟아 있는 검은색 기둥 모양의 암벽을 감상하기 위해선 자전거를 타

아사히카와시 아사히야마동물원

旭川市旭山動物園

- P83D1
- 旭川市東旭川町倉沼
- JR아사히카와(旭川) 역에서 아사히카와 전차로 환승, 아사히야마 도-부츠엔(旭山動物園)에서 하차. 약 40분소요
- (0166)361-104
- 여름(4/29~10/22): 9시30분~17시15분(8/12~8/16: 9시30분~21시), 겨울(11/3~4/8): 10시30분~15시30분(12/31~1/1 휴무)/ 5~10월: 어른- ¥580, 중학생 이하는 무료
- www5.city.asahikawa.hokkaido.jp/asahiyamazoo

  아사히야마 동물원은 일본에서 가장 인기 있는 동물원 중 하나이

키노미술관(雪の美術館), 유카라오리 공예관(優佳良織り工芸館)으로 구성되어 있다. 이 세 곳은 각각 티켓을 끊어도 되고, 통용권을 구입해도 된다. 그중 유키노미술관은 얼음 복도나 얼음 결정체의 사진들을 전시해 놓고 있어서 가장 인기 있는 곳이다. 유카라오리 공예관에서는 유명 염직가인 키우치 아야, 키우치 카즈히로의 작품을 전시하고 있다. 유카라오리의 기술은 아주 정교하고 섬세하여 둘러볼 만하다. 국제염직미술관에서는 염직의 기원과 발전에 대해 둘러볼 수 있다.

는 것이 가장 편리한 방법이다. 소운쿄 온천거리에는 자전거를 대여해 주는 상점이 있다. 온천거리에서 코바코(小函)까지는 편도로 5km이고 왕복은 1시간 정도 소요되며, 오-바코까지는 45분이 소요된다. 만일 체력적으로 힘들 것 같으면 소운쿄 버스터미널에서 버스를 타면 되는데 이 버스는 류세-노타키(流星の滝), 긴가노타키(銀河の滝)에서 20분씩 정차한다. 소운쿄 케이블카는 쿠로다케(黒岳)의 산허리까지 운행하며 도착하면 다이세츠산의 웅장한 경치를 볼 수 있다. 특히 단풍이 온산을 뒤덮는 9월말은 기나긴 겨울이 이미 다가오는 시기로 산정상의 눈과 단풍의 아름다움을 동시에 볼 수 있으며 그 전망은 홋카이도에서 제일이라고 할 수 있다.

류세-노타키(流星の滝), 긴가노타키(銀河の滝)

소운쿄의 협곡 여기저기에서 기이한 경치를 둘러볼 수 있다. 가장 유명한 곳은 한 쌍의 연인, 부부로 비유되는 류세-노타키와 긴가노타키이다. 남자 폭포라 불리는 류세-노타키는 마치 두꺼운 선처럼 90m의 절벽을 빠른 속도로 흘러내려간다. 또 몇 가닥의 실처럼 내려오는 긴가노타키는 180m의 절벽을 천천히 흘러 내려와 여자 폭포라 불린다.

오-바코(大函), 코바코(小函)

류세-노타키, 긴가노타키를 보고 나서 웅장하게 하늘을 향해 뻗어있는 기둥 모양의 절벽을 만나게 되는데, 아이누 족 말로 소협곡이란 뜻의 코바코이다. 200m의 절벽에는 암벽이 병풍처럼 가지런히 서 있어서 마치 신이 만든 작품같이 느껴진다. 또 다른 명소로 오-바코도 있다. 코바코에서 오-바코까지는 어느 정도 거리가 있는데, 이곳은 모두 화산이 폭발하여 만들어진 곳으로 매우 넓다.

다. 특히 12월 중순 이후 한겨울이 되면 통통한 펭귄들이 관광객들의 환호성 속에서 동물원 내 거리를 유유히 걸어 다닌다. 동물원에서 가장 인기 있는 것은 북극곰관이다. 투명한 장치를 설치해 놓아 사람들이 머리를 넣어 북극곰의 손과 발 사이에서 곰들을 바라볼 수 있게 해 놓았다. 북극곰의 식사시간이 되면 동물원 내에 있는 모든 관광객들이 북극곰관 주위로 몰려들어 북극곰이 물 속에서 물고기들을 잡아먹는 장면을 구경한다.

키타타키쵸 해바라기 마을

北龍町ひまわりの里

🚌 1.아사히카와(旭川)에서 하코다테혼센(函館本線)의 특급열차를 타고 후카가와(深川) 역에서 하차 후 키타타키온천(北滝温泉)행 소라치(空知)버스를 타고 키타타키츄각코마에(北滝中学校まえ)에서 하차, 도보3분 2.삿포로에서 JR하코다테혼센(函館本線) 특급열차를 타고 아사히카와(旭川) 역에서 하차, 50분소요. 다시 이시카리누마타(石狩沼田)로 가는 JR 버스를 타고 키타타키온센마에(北滝温泉前)에서 하차, 40분소요.

💲 무료, 해바라기 미로: ¥300(9시~18시)

키타타키쵸 해바라기 마을은 145,100평방미터에 이르는 아주 넓은 해바라기 밭으로, 저 멀리 언덕이 있는 곳까지 모두 노란색의 꽃과 초록색의 꽃잎들로 뒤덮여 있다. 매년 해바라기가 만개하는 7월 중순에서 8월초가 되면 해바라기 마을에서는 해바라기 축제 등 다양한 이벤트가 개최된다. 이 해바라기 마을은 해바라기 밭 이외에도 해바라기 미로, 기념품 판매소, 해바라기 관광안내 등의 시설을 갖추고 있고, 공원 전체를 한 바퀴 돌 수 있는 해바라기호도 있다.

🍴 식당

타이세츠지 비루칸
大雪地ビール館

- 📍 P83C4
- 🏠 旭川市宮下通11丁目1604-1
- 🚃 JR아사히카와(旭川) 역에서 도보1분
- 🕐 점심: 11시30분~14시, 오후 티타임: 14시~17시, 저녁: 17시~22시
- 休 무휴(12/31~1/1 휴무)

아사히카와 역 부근에 있는 석조 창고 가운데 가장 눈에 띄는 건물이 하나 있다. 바로 타이세츠지 비루칸으로 이곳에서는 타이세츠야마의 봉우리에서 나는 물로 5종류의 지방 맥주를 만들어 낸다. 조그마한 거품이 생기는 모시리레아(モシリレア), 부드럽고 먹기 편한 케라비루카(ケラビルカ) 등이 대표적이다. 또 여성들을 위한 조그마한 컵에 담긴 380엔의 맥주도 있으며 시음 맥주 세트는 ¥7500이다.

아오바 라멘
青葉ラーメン

- P85C2
- 旭川市2條通8丁目左8二条ビル名店街
- JR아사히카와(旭川) 역에서 도보7분
- 9시~14시, 15시30분~20시 (일요일 및 공휴일은 19시까지)
- 무휴
- 쇼유라멘: ¥650

50여 년의 역사를 갖고 있는 아오바 라멘은 아사히카와의 대표적인 라멘 가게이다. 돼지뼈, 닭 가슴뼈, 리시리(利尻)의 다시마 및 각종 채소를 약한 불에서 우려낸 국물을 사용한다. 기름기가 많지만 먹으면 아주 담백하다. 라멘의 면은 주인이 직접 만들어 구불구불하고 매우 쫄깃쫄깃하다.

산토카 요죠점
山頭火 4条店

- P85C1
- 旭川市4-8ヒサビル1階
- JR아사히카와(旭川) 역에서 도보8분
- 11시~21시45분
- 부정기 휴무
- 미소라멘: ¥750, 쇼유라멘: ¥750

진정한 라면을 먹고 싶다면 이곳은 꼭 들러야 한다. 중국식 재료와 일식의 장점을 혼합하고, 더욱 잘 어우러지게 하기 위해 면에다가 오매를 넣어 한층 식욕을 돋운다. 그 후 독특한 그릇에 담겨져 나와 보기에는 조금인 것 같지만 양은 매우 많다. 그림같이 화려한 라면은 그 맛 또한 일품이다.

하치야 라멘 고죠지점
蜂屋ラーメン 5条支店

- P85C2
- 旭川市5条7丁目右6
- JR아사히카와(旭川) 역에서 도보9분
- 10시30분~20시(여름에는 21시까지)
- 수요일
- 쇼유라멘: ¥600, 하치야라멘: ¥800

돼지 뼈와 전갱이를 약한 불에서 우려낸 향기가 진한 국물은 겉보기엔 미소 맛 같지만 먹어보면 간장의 맛이 난다. 그러면서도 이상한 냄새는 전혀 나지 않고 다 먹을 때까지 향긋한 향이 풍긴다. 이곳에서는 각 개인의 기호에 맞춰 더욱 진하거나 옅은 맛을 골라서 시킬 수 있다.

숙박

르와질 호텔 아사히카와
Loisir Hotel 旭川

- P85C1
- 旭川市7条通6丁目
- JR아사히카와(旭川) 역에서 도보10분
- (0166)25-8811　F (0166)25-8200
- 1인실: ￥13,900～, 2인실: ￥16,200　● 카드 사용 가능
- www.solarehotels.com/loisir/hotel-asahikawa

아사히카와 중심에 있으며 아사히카와 역에서도 멀지 않다. 쇼핑과 관광, 모두가 편리한 아사히카와 일대의 고급 호텔이다. 객실이 쾌적할 뿐만 아니라, 창문을 열면 아사히카와의 전경을 볼 수 있다. 날씨가 맑을 때는 저 멀리 타이세츠산까지 잘 보인다. 밝은 홀은 서양식으로 되어 있고 무료로 인터넷 서비스를 제공하고 있다. 호텔 내에는 넓고 쾌적한 대욕탕, 미용 SPA가 있어 이곳에서 피로를 털어버릴 수 있다.

소운카쿠 그랜드 호텔
層雲閣 Grand Hotel

- P80A1
- 숙박 고객은 무료로 버스를 타고 올 수 있다. 12시에 삿포로의 오도 리버스센터빌딩의 지하 1층 6번 승차장에서 소운쿄슈퍼라이너(層雲峽スーパーライナー)를 타면 된다. 10시에는 호텔을 출발하여 삿포로로 돌아온다. 14시에는 아사히카와의 소운카쿠 그랜드 호텔의 아사히카와 안내소에서 출발하고 10시에는 호텔에서 출발하여 아사히카와로 돌아온다. 3일전까지 호텔에 예약하면 된다.
- 北海道上川郡上川頂層雲峽温泉
- (0165)85-3111　F (0165)85-3302
- 비성수기: 1박(두 끼 식사포함) ￥8,550부터, 성수기: 1박(두 끼 식사포함) ￥13,000부터
- www.sounkaku.co.jp

소운카쿠 그랜드 호텔은 소운쿄 온천지역에서 역사가 가장 오래된 호텔로, 뛰어난 온천시설을 자랑한다. 노천온천과 마리모대욕장을 꼭 즐겨보자. 욕장은 이탈리아산의 대리석으로 만들어졌다.

소운쿄 유스호스텔
層雲峽 Youth Hostel

- P80A1
- 소운쿄 프린스 호텔의 옆에 자리하고 있다. 버스터미널에서 소운쿄 유스호스텔까지는 걸어서 10분 정도 소요된다.
- 北海道上川郡上川頂層雲峽温泉
- (0165)85-3418
- F (0165)85-3186
- 1인 숙박: ￥2,940, 아침, 저녁 포함: ￥4,620
- www.youthhostel.or.jp/sounkyo/index.html
- 카드 사용 불가

타이세츠산 등산로에서 매우 가까운 소운쿄 유스호스텔은 객실이 전부 다른 사람과 함께 이용하는 형식이며 남녀 층만 분리되어 있다. 유스호스텔 자체에는 온천 시설이 없기 때문에 타이세츠 호텔에서 ￥500을 내고 온천을 이용하면 된다.

토카치 · 오비히로

十勝、帯広 TOKACHI OBIHIRO

넓은 토카치 평원은 홋카이도 중앙부에 있다. 좋은 품질의 콩, 벼, 사탕무 등의 곡식을 재배하며 낙농업이 발전해서 예로부터 일본 농업의 왕국이라 불리고 있다. 오비히로는 토카치에서 가장 큰 도시인 동시에 도우토(道東)지방으로 들어가는 관문이다. 시내에는 수많은 홋카이도의 맛집들이 있다. 돼지고기 덮밥, 쿠키와 케이크, 맥주 등 모두가 토카치의 농산물을 원료로 만들어진 것들이다. 토카치가와 온천에서 온천욕을 즐길 수도 있다. 또 시치쿠 가든, 마나베 정원 등에서는 꽃도 감상할 수 있으며 겨울에는 백조들도 떼지어 토카치가와로 몰려들어 아름다운 경치를 만들어 낸다.

교통정보

철도
◎JR삿포로(札幌) 역~JR오비히로(帯広) 역: 치토세센(千歳線), 세키쇼센(石勝線), 네무로혼센(根室本線)의 슈퍼 토카치(スーパーとかち)와 슈퍼 오조라(スーパーおおぞら)를 타면 된다. 슈퍼 토카치는 약 2시간 30분소요. ￥7,020. 슈퍼 오조라는 2시간 20분소요. ￥7,020

버스
삿포로(札幌) 역 앞에서 JR오비히로(帯広) 역으로 가는 홋카이도츄오(北海道中央)버스, 홋도교통(北都交通), 토카치(十勝)버스, 홋카이도 타쿠쇼쿠(拓殖)버스를 타면 된다. 약 4시간 5분소요. ￥3,670(사전에 티켓을 구입하여 자리를 정해야 한다.)

시내교통
시내에는 노선버스가 운행되고 이 버스가 주변의 시 외곽까지 간다. 택시를 탈 수도 있다.

정기관광버스
이 지역의 관광지는 모두 시 외곽에 분산되어 있기 때문에 노선버스가 운행된다고 하더라도 운행 시간에 잘 맞추기가 쉽지 않다. 그래도 이 버스의 탑승지점이 기차역 앞의 버스터미널에 있기 때문에 탑승은 편리하다.
아래의 정보를 참고하고, 매년 운행되는 관광노선은 토카치 버스 홈페이지에서 확인할 수 있다. www.tokachibus.jp
◎여름철 1일 코스: 7월1일~9월30일에 운행되며 8시간 35분정도 소요된다. ￥5,000(각 관광지의 티켓가격 포함)
➔ 다이헤이겐 호텔(9시15분 출발) → 토카치가와 온천(9시19분 출발) → 다이이치 호텔(9시20분 출발) → 오비히로 버스터미널(9시40분 출발) → 홋카이도 호텔(9시50분 출발) → 타나카요시타케 꽃밭목장 → 나카사츠나이 미술관 → 큐코-후쿠 역 → 마나베 정원 → 이케타 와인 성 → 토카치가와 온천(17시24분 도착) → 오비히로 버스터미널(17시45분 도착) → 홋카이도 호텔(17시50분 도착)
◎여름철 오후 코스: 7월1일~9월30일에 운행되며 3시간 15분정도 소요된다. ￥2,300(각 관광지의 티켓가격 포함)
➔ 오비히로 버스터미널(14시35분 출발) → 마나베 정원 → 이케타 와인 성 → 토카치가와 온천(17시24분 도착) → 오비히로 버스터미널(17시45분 도착) → 홋카이도 호텔(17시50분 도착)

여행자센터
JR오비히로(帯広) 역의 동쪽 에스컬레이터 뒤에 오비히로 관광물산센터가 있어서 토카치, 오비히로 및 홋카이도의 최신 여행정보와 특산품을 제공한다. (9시~19시)

관광정보
토카치 온천 관광협회: www.tokachigawa.net
www.tokachi-cc.ne.jp
오비히로 관광정보: www.obikan.jp

명소

시치쿠 가든
紫竹ガーデン

- P92A2
- 帯広市美栄町西4-107
- 오비히로 버스터미널(帯広バスターミナル)에서 택시로 30분
- 4월말~10월말: 8시~19시
- 개방기간 내 무휴
- ¥500
- www4.ocn.ne.jp/~shichiku

시치쿠 가든의 시치쿠씨와 이곳에서 일하는 사람들은 모두 "꿀처럼 달콤하게 꽃을 사랑해요" 라고 웃으면서 말한다. 10여 년 전에 조성된 사치쿠 가든은 현재 1만8천평의 대형 가든이 되었으며 22개의 테마로 나누어진 화원과 2000여 종에 이르는 신기한 꽃들이 관광객들을 기다리고 있다. 5~6월에는 튤립이 아름답게 만개하고, 7월에 다양한 여름꽃들이 만발해 이곳은 더욱 향긋한 꽃내음으로 가득해진다. 또 점심과 간식을 제공하고 있어 꽃으로 둘러싸인 낭만적인 오후를 보낼 수 있다.

마나베 정원
眞鍋庭園

- P92B2
- 帯広市稲田町東2-6
- JR오비히로(帯広) 역에서 키타코코(北高校)행 버스 승차 12분소요, 관광버스를 타도 된다.
- 4월말~11월: 8시~17시
- ¥500
- www.manabegarden.jp

층층이 심어진 나무로 둘러싸인 마나베 정원은 나무를 테마로 하는 정원이다. 이곳의 주인이 정원 조경을 위해 세계 각국의 진귀한 침엽수들을 들여와 메이지, 타이쇼, 쇼와시대를 거쳐오면서 현재는 나무의 향기로 가득한 유럽의 황실과 같은 조경을 가진 정원이 되었다. 그 외에도 묘목을 재배하는 묘실에서 차를 마시며 창밖의 아름다운 계절의 경치를 감상할 수 있다.

식당

록카테이 본점
六花亭本店

- 帯広市西2条南 9-6
- JR오비히로(帯広) 역에서 도보 5분
- 9시~20시(2층의 카페: 10시30분~18시30분)
- 무휴

록카테이는 홋카이도에서는 모르는 사람이 없는 케이크, 쿠키전문점이다. 100% 홋카이도 산 우유, 화이트초콜릿, 건포도로 만드는 대표메뉴인 쿠키는 엄청난 사랑을 받고 있다. 오비히로의 록카테이 본점에서만 한정 판매되는 사쿠사쿠파이(サクサクパイ, ¥125)는 겉은 바삭바삭하고 안은 부드러워 커피와 매우 잘 어우러져 환상적인 맛을 낸다. 그래서 이곳은 늘 수많은 사람들로 북적댄다.

키타노야타이
北の屋台

- 帯広市西1條南10-7
- JR오비히로(帯広) 역에서 도보5분
- 17시~다음날 새벽
- 각 상점마다 휴무 다름
- www.kitanoyatai.com

키타노야타이는 오비히로에 있는 노점상 거리로 깔끔한 골목의 양쪽에 노점상들이 늘어서있다. 모든 상점이 다 독특하고 메뉴도 다양해서 저녁시간에 술 한 잔을 즐기며 이국적 분위기를 느낄 수 있는 최적의 장소이다. 오비히로 명물인 돼지고기 덮밥, 라멘, 다국적 퓨전 요리, 일본식 안주, 꼬치구이, 물만두 등 없는 것이 없다. 노천 좌석을 가진 술집 같은 이곳은 밤에 한번 와 볼 만한 즐거운 곳이다.

판쵸
パンチョウ

- 帯広市西1条南11-19
- JR오비히로(帯広) 역에서 도보3분
- 11시~19시
- 월요일, 첫째, 셋째 주 화요일

오비히로 역 근처에 위치한 판쵸는 1933년에 오픈했으며 오비히로의 명물이자 전통음식인 돼지고기 덮밥을 주 메뉴로 한다. 최고급 돼지고기를 구워 돼지고기가 황금색이 될 때까지 기다린 후 이 집의 특제소스를 바른다. 그 위에 아키타현의 명쌀인 코시히카리가 어우러져 심플하면서도 깊은 맛을 낸다. 돼지고기 덮밥은 양에 따라 마츠(松, ¥850), 타케(竹, ¥950), 우메(梅, ¥1,050), 하나(華, ¥1,250) 4종류로 나뉜다. 제일 작은 사이즈의 마츠도 양이 무척 많아 먹음직스럽다.

토카치 비어 레스토랑
十勝ビールレストラン

- 帯広市西1条南9-6名門通
- JR오비히로 역에서 도보5분
- 11시~22시
- 무휴

 토카치에서 나는 보리와 지하수를 발효해서 만든 토카치 맥주는 신선할 뿐만 아니라 맛도 다양하다. 달콤한 오렌지향의 Tokachi LAGER, 조금 단 맛의 Brown Ale, 새콤한 과일 맛의 Weizen 등이 있다. 레스토랑 전체가 신비한 열대원시림처럼 디자인되어 있다. 이곳에서는 바로 발효한 지방맥주와 향이 좋은 스파게티, 피자 등을 맛볼 수 있을 뿐 아니라 발효 중인 맥주가 들어있는 커다란 술통도 직접 볼 수 있다.

숙박

토카치가와 온천 다이이치호텔
十勝川温泉 第一 Hotel

- P92B1
- 音更町十勝川温泉南12
- JR오비히로(帯広) 역에서 토카치(十勝)버스 승차 다이이치호테루(第一ホテル)에서 하차, 약 30분소요
- (0155)46-2231 (0155)46-2238
- 1박(두 끼 식사포함): ¥9,600~36,500(2인1실) 온천: ¥1,000(13시~22시)
- www.daiichihotel.com

식당

숙박

 미인탕이라 불리는 토카치 온천은 전 세계에서도 보기 드문 식물성 온천으로 이곳의 온천수는 오랜 옛날 지하 깊은 곳에 퇴적된 식물 최적층이 온천을 만나 만들어진 것이다. 천연의 보습성분을 함유하고 있어서 화장수에서 온천을 즐기는 것과 다름없다. 토카치가와 온천 다이이치 호텔은 드넓은 정원에 돌로 만들어진 온천이 있으며, 10종에 달하는 온천욕조가 있다. 저녁에는 토카치에서 나는 신선한 해산물 요리를 먹어보자.

홋카이도 호텔
北海道 Hotel

- 帯広市西7条南19-1
- JR오비히로(帯広) 역에서 택시로 5분, 호텔에서 무료로 픽업 서비스 제공(예약 필수)
- (0155)21-0001
- (0155)21-0002
- 2인1실, 1인당 조식포함 1식: ¥9,000부터
- www.hokkaidohotel.co.jp

 붉은 벽돌로 지어진 홋카이도 호텔은 오비히로를 대표하는 호텔로 주위가 모두 원시림으로 둘러싸여 있어 도시에서 볼 수 없는 조용한 환경의 리조트 형 호텔이다. 토카치 산의 벽돌로 만든 외벽에는 아이누 족의 독특한 무늬가 그려져 있으며 부엉이와 곰의 조각상이 있어 전통과 현대를 적절히 조화시킨 설계로 호평을 받고 있다. 객실 내에는 목조 가구와 커다란 창이 있으며, 창밖 숲의 아름다운 경치가 실내와 잘 어우러진다. 대욕탕은 토카치 온천을 제공하고 있어 여유롭게 서양과 일본의 분위기가 적절히 조화된 리조트의 분위기를 느낄 수 있다.

도우난 道南

100 **하코다테**

115 **오누마**

하코다테

函館 HAKODATE

하코다테는 세계 3대 야경 중 한 곳으로 불리는 하코다테야마(函館山)와 모토마치(元町) 주변의 교회당, 카네모리(金林) 창고가 모여 있어 로맨틱한 이국적 분위기가 물씬 풍기는 곳이다. 관광지가 모두 한 곳에 집중되어 있고, 길 역시 완만해서 경치를 즐기는 데는 제격이다. 1859년 일본과 미국간의 통상조약으로 하코다테와 요코하마, 나가사키는 국제적인 무역항이 되었고, 수많은 외국인들이 하코다테로 모여들어 각기 다른 문화를 발전시켰다. 이렇게 꽃피운 이국적인 문화는 하코다테를 홋카이도에서 가장 낭만적인 도시로 만들었다.

교통정보

철도

◎JR삿포로(札幌) 역~하코다테(函館) 역: 치토세센(千歳線), 하코다테혼센(函館本線)의 특급 호쿠토(特急北斗)를 타면 약 3시간 42분이 소요된다. 슈퍼 호쿠토(スーパ北斗)를 타면 3시간 정도 소요된다. ¥8,590.

◎JR도쿄(東京) 역~하코다테(函館) 역: 호화침대 특급열차 호쿠토(北斗)를 타면 11시간 30분이 소요된다. 또는 신칸센 하야테호(はやて号)를 타고 약 3시간 정도면 하치노헤(八戶)에 도착한다. 하치노헤에서 토호쿠혼센(東北本線)을 타고 특급 슈퍼 하쿠쵸(特急スーパー白鳥)나, 하쿠쵸호(白鳥号)를 타면 3시간 소요.

버스

삿포로 역과 하코다테 역 사이에는 홋카이도츄오 버스, 도우난 버스, 홋토 교통버스가 운행되며 약 5시간 15분이 소요된다. 편도 ¥4,680. 반드시 사전에 예약해야 한다. 홋토 교통 (삿포로: (011)272-1211, 하코다테: (0138)22-3265), 츄오버스(삿포로: (011)231-1151, 하코다테: (0138)23-3331).

시내교통

하코다테의 주요 관광지가 모두 시전차의 노선을 따라 있기 때문에 시전차를 이용하면 효율적으로 하코다테를 둘러볼 수 있다. 한 번 탑승하는 데 ¥200. 탑승 거리에 따라 4차례에 걸쳐 가격 구간이 있다. 최고 ¥250.

1일 승차권: 1일 승차권을 사면 하루 동안 시전차와 버스를 횟수에 제한 없이 이용할 수 있다. 1일권 ¥1,000. 2일권 ¥1,700. 시전차 안이나 하코다테 시내 각 승차권 판매소, 하코다테 역 앞의 버스 터미널 안내소에서 판매한다.

여행자센터

JR하코다테(函館) 역의 1층에 관광안내소가 설치되어 있어 하코다테 및 홋카이도의 최신 여행 정보를 제공한다.

◐ (9시~19시, 11월~3월은 17시까지)

관광정보

하코다테시 교통국 ⓦ www.city.hakodate.hokkaido.jp/transport
온라인상 정보 ⓦ www.hakodate.or.jp/sight ⓦ www.hakodate.or.jp
　　　　　　ⓦ www.hakodate.or.jp/onsen
　　　　　　ⓦ www.hakodate-kankou.com
　　　　　　ⓦ www.hakodate-kankou.com

명소

트라피스치누 수도원
トラピスチヌ修道院

- P103D2
- 函館市上湯川町346
- JR하코다테(函館) 역에서 하코다테버스 승차, 유노카와 단지 키타구치(湯の川団地北口)에서 하차(29분소요) 후 도보15분
- 8시~17시(11월~4월20일: 8시20분~16시)
- 수요일, 11월~4월20일: 일요일

유노카와 온천지역에 위치한 트라피스치누 수도원은 1898년, 프랑스에서 온 8명의 수녀들이 만든 곳이다. 내부는 개방되어 있지 않지만, 수도원 내에서의 생활에 대한 이해를 돕기 위해 관광객들에게 정원과 자료실을 무료로 개방하고 있다. 그 외에 자료실에 있는 기념품 판매처에서는 수녀들이 손수 만든 수공예품, 카드, 비스킷 등을 판매한다. 유노카와 단지 북쪽 출구의 버스정류장에서 완만한 언덕길을 따라 15~20분 정도 걸으면 도착한다. 길이 조금 멀기 때문에 가기 전에 반드시 마음의 준비를 해야 한다.

유노카와 온천
湯の川温泉

- P103C3
- 函館市上湯川町346
- 시전 유노카와온센(湯の川温泉) 역에서 하차

유노카와 온천의 역사는 1653년까지 거슬러 올라간다. 마츠마에(松前) 번주가 아들의 중병을 치료하기 위해 발견한 온천으로 특수한 온천 성분이 건강 회복에 효과가 좋다고 알려져 있다. 유노카와 온천은 오징어잡이 배들의 등불로 유명한 곳이다. 온천 거리에 있는 수많은 온천여관 등지에는 모두 이 아름다운 경관을 내려다 볼 수 있는 노천온천을 가지고 있다. 초여름부터 늦가을까지 바다는 오징어잡이 배들의 등불로 장관을 이룬다.

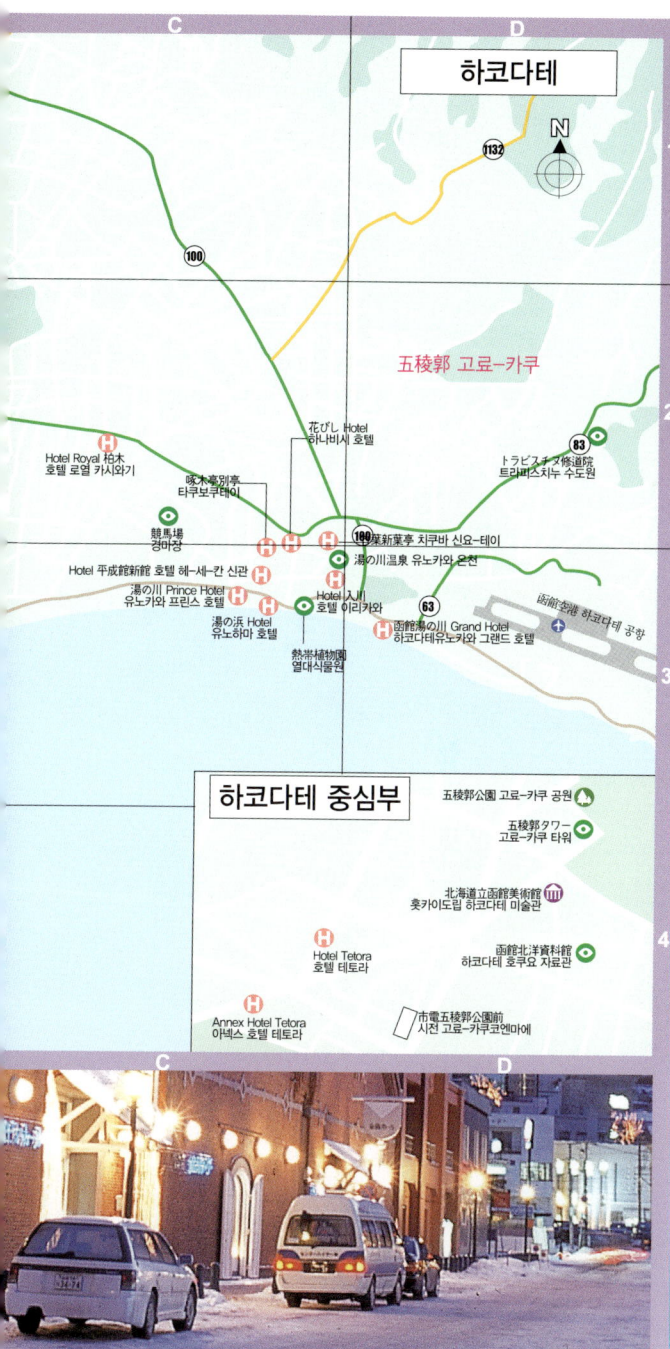

하리스토스 정교회
ハリストス正教会

- P104A3
- 函館市元町3-13
- 시전 쥬지가이(十字街) 역에서 10분
- 10시~17시(토요일은 16시까지, 일요일은 13시부터 개방)/ 무휴(일요일 오전 예배 시간에는 입장 불가)

하리스토스 정교회는 1860년에 처음으로 지어진 러시아 영사관의 예배당이었다. 1907년에 하코다테 시 전체를 뒤덮었던 화재로 인해 교회당 전체가 훼손되었다가 1916년 현재의 모습으로 재건되었다. 하리스토스 정교회는 일본의 다른 곳에서 볼 수 있는 일반적인 교회

카네모리 아카렌가 창고
金森赤レンガ倉庫

- P104B3
- 函館市末廣町13-9
- 시전차 쥬지가이(十字街) 역에서 도보5분
- 하코다테 비어홀: 11시30분~22시, 카네모리 양물관(金森洋物館): 10시~19시, (4월 말~11월 초: 9시30분~19시), 니시하토바: 8시~21시
- 무휴

카네모리 창고는 예전 항구 지역에 있었던 창고를 리모델링하여 만든 곳으로 이곳의 하코다테 비어홀은 공장에서 직송된 현지 생맥주와

수많은 안주거리를 판매하고 있다. 카네모리 양물관(金森洋物館)은 카네모리 창고에서 가장 넓은 곳으로 20개가 넘는 상점이 모여 있으며 대부분 세계 각국에서 수입한

성 요한 교회
聖ヨハネ教会

- P104A3
- 函館市元町3-23
- 시전 쥬지가이(十字街) 역에서 도보10분
- 외관은 자유롭게 관람가능

성 요한 교회는 갈색 지붕과 순백색의 2층 건물이 어우러져 있어 외관이 매우 독특하다. 정면에 있는 십자가가 아니라면, 모던한 스타일의 전원주택이라고 생각할 수 있다. 그러나 언덕길을 따라 계속 올라가다 보면 이곳이 교회라는 것

건물과는 조금 다른 모습이다. 전체 건물이 흰색, 녹색을 기조로 되어 있고 꼭대기에는 비잔틴양식의 첨탑 외에도 7개의 크고 작은 십자가가 세워져 있다. 예배 전에 울리는 청명한 종소리 때문에 현지 주민들은 강강지(ガンガン寺)라고 부른다.

물건들을 판매하고 있다. 아카렌가 창고 맞은편에 위치한 니시하토바(西波止場)와 니시하토바 2번관은 대형 해산물 시장이다. 또 근처에는 항만과 가까운 레스토랑이 있다. BAY 하코다테는 복합식 레스토랑으로 뷔페, 커피숍, 술집, 슈퍼마켓 등을 포함하고 있다.

을 알게 된다. 높은 곳에서 내려다보면 이 교회당 지붕이 십자가 형상으로 되어있음을 알 수 있다. 이곳은 1874년 처음으로 지어졌으나, 현재의 독특한 스타일의 건물은 1979년 재건된 것이다.

고료-카쿠
五稜郭

- P103C4,D4
- 函館市五稜郭町44
- 시전 고료-카쿠코엔마에(五稜郭公園前) 역에서 도보15분
- 고료-카쿠탑: 8시~18시45분 (10월21일~4월20일: 9시~17시45분)
- 무휴
- 고료-카쿠탑: 어른- ￥630, 고등학생- ￥520, 중학생- ￥420, 초등학생- ￥310

고료-카쿠는 독특한 모습으로 지어진 누각의 보루이며 메이지유신 시기 막부의 인사, 천황군에 저항하던 최후의 일전인 하코다테(箱館)전투(1868년~1869년)의 발생지로 일본 근대사에 중요한 위치를 차지하는 곳이다. 전쟁의 보루로 쓰였던 곳이 왜 이렇게 로맨틱한 모습으로 지어졌을까? 고료-카쿠의 설계자였던 타케다 아야사부로(武田斐三郎)가 서양의 보루를 참고해 보았더니 일본의 전통적인 보루나 성곽은 대포 등의 서양식 무기를 사용하기에 적합하지 않다는 것을 발견했다. 또 별 모양의 성곽은 방어하기는 쉽지만 공격하기는 어렵기 때문에 이런 모양으로 지어진 것이다. 고료-카쿠는 1857년부터 지어지기 시작하여 7년의 세월

카톨릭 모토마치 교회
カトリック元町教会

- P104A3
- 函館市元町15-30
- 시전 쥬지가이(十字街) 역에서 도보10분
- 10시~16시
- 무휴(일요일오전 예배가 있는 시간에는 관람불가)

카톨릭 모토마치 교회와 요코하마의 야마테 교회, 나가사키의 오우라 천주당은 일본에서 1, 2위를 다투는 오래된 교회당이다. 고딕 양식으로 건축되었으며 교회당이 일반 주택 사이에 위치하고 있어 앞서 소개한 예배당들이 갖고 있는 교회당만의 짜임새와 격식을 갖고 있지는 않다. 하지만 내부만큼은 성스럽고도 순결한 느낌이 가득하며 에메랄드색의 옥상은 밀집되어 있는 교회당들 중에서도 특히 아름답다.

구 하코다테구 공회당
旧函館区公会堂

- P104A3
- 函館市元町11-13
- 시전 스에히로쵸(末広町) 역에서 도보10분
- 9시~19시(11~3월은 17시까지)
- 무휴(겨울엔 부정기 휴무)
- ￥300

구 하코다테구 공회당은 르네상스 양식으로 지어졌으며 좌우가 대칭을 이룬 일본에서도 보기 드문 외관의 목조 건물이다. 내부의 장식들도 매우 정교하고 아름답다. 일찍이 하코다테시의 중요한 공공회당으로 쓰였으며, 두 명의 천황이 이곳에서 묵은 적이 있다고 한다. 이곳에서는 유럽식의 복고풍 의상을 빌려주는 서비스도 제공하고 있어 (3/11~12/25) ￥1,000으로 그 의상을 입고 이국적인 분위기가 가득한 이곳에서 마음껏 사진을 찍을 수 있다.(20분으로 시간 제한) 이곳에서 중세시대 성 속의 공주나 왕자가 되어 보는 것도 나쁘지 않을 것이다.

을 거쳐 1864년 완성되었다. 당시는 에도막부의 끝 무렵으로 유신시대가 막 열리려던 시기였다. 그리하여 원래는 외적을 물리치기 위해 만들어졌던 고료-카쿠가 일본 내전의 전쟁지로 사용되었다. 현재는 고료-카쿠 전망대의 고탑에서 별모양의 성을 내려다보는 것 외에도 유명한 벚꽃 감상의 명소로도 이름을 알리고 있다.

하코다테 동우난 명소

하코다테야마 야경
函館山夜景

- P104A3
- 函館市元町19-7
- 시전 쥬지가이(十字街) 역에서 10분 정도 걸어가면 하코다테야마 로프웨이산로쿠(函館山ロープウェイ山麓) 역에 도착한다. 케이블카를 타고 3분 정도면 하코다테야마 정상에 도착
- 10시~22시(4월26일~5월5일, 7월25일~8월20일: 9시부터 개장, 11월1일~4월25일까지는 21시까지, 12월31일~1월1일은 18시까지)
- 무휴(11월에는 가끔씩 운행을 하지 않는 날도 있음)
- 어른 왕복: ¥1,160, 어린이 왕복: ¥590

하코다테야마는 지세가 높아서 야경을 감상하는 최적의 장소이다. 또 반도에 위치하여 하코다테 시가지와 일직선상으로 연결되어 있다. 이곳의 야경은 홍콩, 이탈리아의 나폴리와 함께 세계 3대 야경으로 꼽힌다. 지형이 워낙 좋고, 부채꼴 모양의 독특한 야경을 볼 수 있다는 점에서 하코다테 관광의 필수 코스라고 할 수 있다. 이곳은 바다 바람이 상당히 거세기 때문에 반드시 외투를 가져가야 한다.

🛍 쇼핑

하코다테 메이지칸
函館明治館

- P104B3
- 函館市豊川町11-17
- 시전 쥬지가이(十字街) 역에서 도보5분
- 9시~19시
- 무휴

메이지칸은 메이지시대의 건축물로 현재는 유리공방으로 쓰이고 있으며 중간 정원은 오르골 복도이다. 1층의 유리 공방에서는 전문가들의 지도에 따라 직접 유리를 불어볼 수 있고, 2층의 오르골 교실에서는 본인이 직접 조립하고 음악과 도안을 선택하여 본인이 갖고 싶던 오르골을 직접 만들 수 있다. 옆에 있는 하코다테 해산물 시장에서는 다양한 해산물과 특산품을 판매하고 있으며 오징어를 이용해서 만드는 하코다테 명물인 이카메시(오징어덮밥, ¥200)를 맛볼 수 있다. 옆에 붙어있는 레스토랑인 이카이카테이(いかいか亭)의 이카이카테이동(いかいか亭丼, ¥1,350)은 연어 알, 새우, 오징어 등을 덮어 그 맛이 일품이다.

하코다테 아사이치
函館朝市

- P105C2
- JR하코다테(函館) 역 옆
- 5시~12시
- 무휴

JR하코다테 역에서 3분 거리에 위치하고, 400여 개의 상점이 모여 있는 하코다테 아사이치는 홋카이도의 자랑인 먹음직스러운 해산물과 먹기 간편한 해산물 통조림, 신선한 채소와 과일 등을 판매하고 있다. 게, 조개 등은 하코다테에서 꼭 먹어봐야 할 명물로 노점상 주인이 게 다리 구이를 먹어보라고 권한다면 무료이므로 사양하지 말고 맛보도록 하자. 또 하코다테 아사이치 내의 싱싱한 성게를 놓치지 말자. 게 껍질을 두 부분으로 나누어 간장에 찍어 생으로 먹으면 그 신선함이 바로 느껴진다.

식당

키쿠요 식당
きくよ食堂

- P105C2
- 函館市若松町11-9
- JR하코다테(函館) 역 옆, 하코다테 아사이치 내
- 5시~14시(12월말~4월말은 13시30분까지)
- 무휴

하코다테 아사이치 안에 있는 키쿠요 식당 앞에는 늘 줄이 길게 늘어서 있다. 특히 하코다테 덮밥(¥1,480)은 하코다테의 명물로 향기롭고 부드러운 쌀밥 위에 연어 알, 조개, 섬게 등을 듬뿍 올려 신선함과 영양, 맛을 동시에 느낄

카이쿄 라멘
海峽ラーメン

- P105C2
- 函館市若松町11-10
- JR하코다테(函館) 역 옆, 하코다테 아사이치 내
- 6시30분~14시
- 무휴

하코다테 아사이치 안에 자리한 카이쿄 라멘은 돼지 뼈, 닭 뼈, 파, 인삼, 생강 등을 넣어 우려낸 국물에 트라피스트 수도원에서 만드는 버터를 섞어 좋은 향이 가득한 라멘을 만든다. 이곳의 대표 메뉴는 특제라멘(特製ラーメン,

고토켄 본점
五島軒本店

- P104B3
- 函館市末廣町4-5
- 시전 쥬지가이(十字街) 역에서 도보5분
- 11시30분~20시
- 1월1일~2일 휴무

고토켄은 전통 양식에 일본식 맛을 가미한 퓨전 양식 요리점이다. 특히 카레는 소설에도 소개된 적이 있을 정도로 유명하다. 고토켄의 가장 유명한 요리는 110년의 역사를 가진 카레라이스이다. 초대

마메상 라멘야
マメさんラーメン屋

- P104B3
- 函館市末廣町12-3
- 시전 쥬지가이(十字街) 역에서 도보3분
- 11시~20시
- 일본 신년기간 외에는 무휴

마메상 라멘야

식당

수 있다. 해산물 덮밥 외에도 연어 회, 새우, 게 다리, 털게 살, 오징어 등 다양하게 조합된 메뉴를 맛볼 수 있다. 면같이 얇게 썬 오징어 회 ¥1,600)과 카이쿄라멘(海峡ラーメン, ¥700)이다. 특제라멘은 성게, 새우, 조개, 오징어, 게 등을 듬뿍 넣은 영양 만점의 메뉴이다. 그 외에도 트라피스트 수도원의 버터로 만든 트라피스트 버터라멘(トラピストバターラーメン, ¥750)은 더 는 입에서 느껴지는 신선함이 남다를 것이다.

욱 부드러운 맛이 첨가되어 버터 맛을 좋아하는 사람이라면 꼭 한 번 맛봐야 한다.

창시자인 고토 에이키치(五島英吉)가 하리스토스 정교회에서 배운 요리에 2대 주인이 임페리어 호텔에서 갈고 닦은 솜씨를 더해 하코다테의 재료, 풍토와 어우러진 고토켄의 카레를 만들어 냈다. 이탈리아풍 카레라이스(イタリア風カレーライス, ¥1,100)와 임페리얼 오리 카레 세트(¥3,000)가 추천메뉴이다.

는 하코다테의 유명 라멘가게 중 하나이다. 라멘 속에 숨겨진 바다 맛이 일품이며 누구나 한 그릇을 뚝딱 비워낼 정도로 맛있따. 특별 제작한 시오라멘(소금라멘)은 이곳 의 대표 메뉴로 중국 강소성의 소금을 이용하고 아키타에서 사육되는 닭을 일정한 비율로 넣어 끓여내어 절대 놓쳐서는 안 되는 강력 추천 메뉴이다.

H 숙박

토요코 인 하코다테 에키마에 아사이치
東横 INN 函館駅前朝市

- P105C2
- 函館市大手町22-7
- JR하코다테(函館) 역에서 도보5분
- (0138)23-1045
- (0138)23-1046
- 1인실: ￥5,800, ￥4,800(겨울철 할인: 10월1일~5월31일), 2인실: ￥7,800, ￥6,800(겨울철 할인: 10월1일~5월31일)
- www.toyoko-inn.com/hotel/00063

토요코 인은 일본의 대형 체인 비즈니스 호텔로 홀과 객실에서 모두 인터넷 사용이 가능하다. (홀에는 공용 컴퓨터가 있고, 객실에는 인터넷 선이 제공된다.) 아침에는 밥과 된장국이 무료로 제공된다.

스마일 호텔
Smile Hotel

- P105D2
- 函館市若松町20-11
- JR하코다테(函館) 역 대각선으로 맞은편
- (0138)27-2700
- (0138)27-2730
- 1인실: ￥6,000~7,000, 2인실: ￥12,000~14,000
- www.smile-hotels.com/hakodate.html

하코다테 역 앞에 위치하고 있어서 교통이 매우 편리하다.

하코다테 유스 게스트 하우스
函館 Youth Guest House

- P104B4
- 函館市寶來町17-6
- 시전 호라이초(宝来町) 역에서 도보3분
- (0138)26-7892
- (0138)26-0989
- 10월1일~6/30: 1인당 ￥3,800(성수기: ￥4,500), 9월: ￥4,200, 8월: ￥4,500
- www12.ocn.ne.jp/~hakodate
- 카드 사용 불가
- 11월 중순~12월 중순, 1월 중순, 4월 중순

객실은 모두 서양식으로, 객실 내에는 세면대, 텔레비전, 냉난방시설 등이 있으며 욕실과 화장실은 모두 바깥에 있다. 공용 세탁기와 건조기가 있다.

스미토모 민박
住友民宿

- P105D3
- 函館市大森町17-13
- JR하코다테(函館) 역에서 도보5분
- (0138)26-1385(구관, 신관 모두 같음)
- (0138)26-1387(구관, 신관 모두 같음)
- 핸드폰: (090)8900-3378(구관, 신관 모두 같음)
- 신관: ￥4,500~5,500(아침은 포함되어 있지 않음)
- www.sumitomo-inn.com/html/index_js.htm
- 카드 사용 불가

구관은 하코다테 아사이치 옆에 있고, 신관은 하코다테 역에서 5분 거리에 있다.

하코다테 유노카와 그랜드 호텔
函館湯の川 Grand Hotel

- P103D3
- 函館市湯川町3-1-17
- 시전 유노카와 온센(湯の川温泉) 역에서 내리면 바로 도착
- (0138)57-9161
- (0138)57-9169
- 2인실 1인당 ￥9,450부터(아침, 저녁 두 끼 포함)
- www.yunokawa.com

오-누마

大沼 ONUMA

하코다테에서 30km 떨어진 곳에 있는 오-누마 공원은 오-누마, 코누마, 준사이누마, 코마가다케로 이루어져 있으며 신 일본 3경 중 한 곳이다. 그다지 넓지 않은데다가 호수를 따라 자전거 도로가 잘 되어 있어 편안하게 둘러볼 수 있다. 도로 상태도 좋고, 경사도 완만한 편이다. 호수 주변은 푸르른 나무들로 가득하여 여기저기 모두 경치가 아름다워 추천하고 싶은 곳이다. 자전거를 타고 호수 전체를 돌아보는 데는 2시간 반 정도 소요된다.

교통정보

◎JR하코다테(函館) 역에서 JR하코다테혼센(函館本線) 타기
오-누마코엔(大沼公園) 역에서 하차. 하지만 하코다테혼센(函館本線)은 오-누마 역에서 두 가지 노선으로 갈라진다는 것을 기억해야 한다. 하나는 오-누마코엔 역을 지나고, 하나는 시카베(鹿部)를 지난다. 그중에서 오-누마코엔으로 가는 노선을 타야 한다. 특급열차는 19분소요, ￥1,440. 보통열차는 약 50분소요, ￥530

◎시내교통
호수를 따라서 자전거 도로가 잘 닦여져 있기 때문에 자전거를 타고 둘러보는 방법을 추천하고 싶다. 오-누마코엔 역 앞에는 자전거를 대여해 주는 상점이 있다. 1시간에 약 ￥500. 상점에 무료로 짐을 맡길 수 있다. 그러나 손님이 많을 때에는 그다지 친절하지 않을 수도 있다. (7월 중순~8월: 8시~17시, 겨울 휴무)

◎여행자센터
JR오-누마코엔(大沼公園) 역 옆에는 오-누마 국제교류광장이 있는데 최신 오-누마 공원지도와 여행정보를 제공하고 있다. (8시30분~18시, 12~3월: 17시)

◎관광정보
www.town.nanae.hokkaido.jp

👁 명소

오-누마, 코누마, 준사이누마
大沼, 小沼, 蓴菜沼

- 📍 P117A2, B2
- 🏠 七飯町大沼町
- 🚋 JR오-누마코엔(大沼公園) 역에서 도보3분
- 📅 5월1일~10월31일
- 💲 유람선: 어른- ¥960, 어린이- ¥480엔(약 30분소요), 노를 젓는 배: 2인 1시간- ¥1,000, 3인 1시간- ¥1,500

 오-누마 공원은 수려한 코마가타케(駒ヶ岳)를 배경으로 오-누마, 코누마, 준사이누마 일대를 포함하는 도우난(道南)지역 유일의 국정공원이다. 오-누마, 코누마, 준사이누마는 모두 화화산인 코마가타케의 화산 폭발 후 형성된 호수이다. 그중에서 호수 둘레 24km, 수심이 13.6m, 총 면적은 5.3㎢에 이르는 오-누마 호가 가장 크다. 호수에는 126개의 크고 작은 섬들이 있고 섬과 섬 사이를 18개의 다리가 연결하고 있다. 또 공원 광장을 기점으로 하여 60분, 40분짜리 산책로가 있다. 오누마 호에선 유람선을 타고 풍경을 감상할 수도 있고, 직접 배의 노를 저어 로맨틱한 분위기를 즐길 수도 있다. 오누마 서쪽에 있는 코누마의 둘레는 약 16km이고 가장 깊은 곳은 수심이 5.5m이다.

코마가타케
駒ヶ岳

🔺 P117B1

 북쪽에 우뚝 서 있는 해발 1131m의 코마가타케는 활화산으로 산 정상은 세 개의 봉우리로 나뉘어져 있다. 세 개의 화산구 중에서 가장 큰 화산구는 크기가 1.7km에 이른다. 웅장한 코마가타케의 아름다운 모습은 호수 면에 비췄을 때 더욱 아름다우며 자전거를 타면서도 감상할 수 있다. 특히 코마가타케는 전망대 및 맞은편에서 바라보면 오-누마 공원의 아름다운 경치가 한 눈에 들어온다.

나가레야마 온천
流山温泉

🔺 P117B2
🏠 七飯町字東大沼294-1
🚃 JR나가레야마온센(流山温泉) 역에서 도보3분. 호텔 Crawford in Onuma에서 픽업 서비스 제공
🕐 평일: 10시~20시, 주말 및 공휴일: 10시~21시, 11월~3월 평일: 11시~20시
🈂 무휴
💲 어른: ¥800, 초등학생 이하: ¥400(호텔 Crawford in Onuma 이용고객은 반 가격)

 나가레야마 온천은 일본 유명 조각가가 설계한 곳으로 대자연과의 조화를 위해 돌, 나무 등 자연자재를 소재로 만들어졌다. 주요 온천탕 역시 각종 나뭇가지로 만든 다음에 외벽에 조각 작품을 장식했다. 조명이 켜지면 마치 본인이 예술 작품 속에 들어가 있는 듯한 느낌이 든다. 노천온천은 탕 주위가 자연적으로 자란 나무, 돌로 쌓여 있고 코마가타케가 멀리 보인다.

누마노이에
沼の家

- P117B2
- 七飯町大沼町145
- JR오-누마코엔(大沼公園) 역에서 도보1분
- 8시~18시30분(다 팔릴 때까지)
- 무휴

1905년에 지어진 이 곳은 오-누마 공원을 감상하려는 관광객들이 반드시 가는 상점으로 다들 기념품으로 손에 오-누마 경단을 들고 돌아간다. 팥 맛과 깨 맛 두 가지가 있는데 팥고물에 묻혀 먹으면 처음 먹을 땐 조금 달지만 녹차와 함께 먹으면 담백해진다. 오-누마 경단은 포장도 독특한데, 오누마 호, 코누마 호의 형상을 본떠 디자인했다.

숙박

크로포드 인 오-누마
Crawford in Onuma

- P117B2
- 亀田郡七飯町大字沼85-9
- JR오-누마코엔(大沼公園) 역에서 도보3분
- (0120)67-2964
- 1박: ¥6,615~¥13,400(아침포함), 1박 두 끼 식사포함: ¥9,975~¥13,650(이 가격은 세금을 포함한 것으로 계절에 따라 변동 있음)
- www.jr-shop.hakodate.jp/crawford

JR오-누마코엔 역 뒤쪽에 자리한 호텔 크로포드 인 오-누마는 오-누마코엔 역에서 3분 거리에 있다. 또, 오-누마 국정공원에 위치하고 있기 때문에 주위 환경이 매우 깨끗하고 상쾌해서 관광지의 시끌벅적함이 없다. 주위에서는 조용한 가운데 새와 바람소리가 들려온다. 따뜻한 분위기, 고급호텔 라이프를 모토로 하여 건물 전체가 미국식으로 지어졌다. 외관은 흰색을 기조로 2층의 서양식 건물로 되어있으며, 건물이 주위의 자연경치와 잘 어우러진다. 객실 역시 미국식의 리조트 분위기로 되어있다. 홀에 있는 빨간 벽난로에 매일 밤 모닥불을 피워 더욱 따뜻한 분위기를 만들어 낸다.

도우토 道東

122 **쿠시로**
135 **아칸코**
 (마슈코 · 카와유)
147 **아바시리**
152 **시레토코**

쿠시로

釧路 KUSHIRO

쿠시로는 홋카이도 동부의 대도시로 일본의 주요 어항이기도 하다. 항구 주변에 있는 와쇼이치바(和商市場)에서는 해산물 덮밥과 숯불구이, 담백하고 맛있는 쿠시로 라멘 등 쿠시로만의 독특한 음식을 팔고 있다. 쿠시로 시 근방에 있는 쿠시로 습원은 야생 식물의 천국으로 두루미가 서식하는 것으로도 유명하다. 겨울에도 얼지 않는 샘물이 있기 때문에 전 세계적으로도 그 숫자가 많지 않은 두루미의 서식지가 된 것이다. 현재는 1,000여 마리 정도 발견되고 있으며 매년 겨울이 되면 머리는 빨갛고 몸은 흰색과 검은색의 깃털로 뒤덮여있는 두루미들이 이곳에 날아들어 샘물 속의 먹이를 먹으며 서식한다.

교통정보

◎**삿포로(札幌)에서 쿠시로(釧路)까지**: 치토세센(千歳線), 세키쇼센(石勝線), 네무로혼센(根室本線)의 슈퍼 오조라(スーパーおおぞら)를 타면 된다. 하루 6회 운행. 4시간 소요. ￥9,120. 저녁 11시에는 삿포로에서 야간 침대 열차인 특급마리모(特急まりも)가 있다. 6시간 50분 정도 소요되어 다음날 새벽 5시 50분 쿠시로에 도착한다. ￥9,120(마리모는 일반 좌석 외에 위아래가 연결된 침대칸도 있다.)

◎시내교통

쿠시로 시내에는 순환버스인 쿠루린(くるりん)이 20분마다 관광안내소에서 출발한다. ￥100

➡ 와쇼이치바 → JR쿠시로 역 앞 → 키타오-도리쥬쵸메 → 키타오-도리나나쵸메 → 쥬지가이 → 누사마이바시 → 쿠시로하나토케이 → MOO 입구 → 기타오-도리욘쵸메 → 키타오-도리나나쵸메 → 키타오-도리쥬쵸메 → JR쿠시로 역 앞 → 쿠시로 로얄 INN

◎관광버스

쿠시로와 쿠시로 습원 일대에는 아칸 버스(阿寒バス)가 운행된다. 이 버스는 계절마다 다른 운행표가 있다. 매년 새로운 운행 노선과 시간표는 인터넷에서 확인이 가능하다.
(www.akanbus.co.jp).

- **티켓판매처**: JR쿠시로 역 옆의 아칸 버스센터
◎ **뉴피리카호(ニューピリカ号)**: 쿠시로에서 출발하여 쿠시로 습원과 아칸국립공원을 관광하는 1일 관광버스이다.
❗ 5월초~10월말 운행
⏱ 9시간45분소요
💲 어른: ￥5,800, 어린이: ￥2,900(점심비용포함) (티켓가격은 하차지점에 따라 다름)
➡ JR쿠시로 역(8시) → MOO(8시10분) → 쿠시로 프린스 호텔(8시10분) → 쿠시로 습원 호쿠토 전망대→ 마슈코 제1전망대→ 비호로토게 → 굿샤로 프린스 호텔(11시58분) → 굿샤로 스나유(점심) 카와유 온천(13시15분) → 이오잔 → JR카와유 역(13시38분) → 아칸호반 아이누족 촌락(14시45분) → 온네토코(15시20분) → 아칸호반(15시55분) → 쿠시로 공항(16시50분) → JR쿠시로 역 앞(17시35분) → MOO(17시45분) → 쿠시로 프린스 호텔(17시45분)

◎**쿠시로 습원 일주**: 쿠시로에서 출발하여 쿠시로의 관광지와 쿠시로 습원을 돌아보는 반나절 관광 버스
❗ 오전노선의 운행기간은 5월1일~6/30, 9/21~10월31일. 오후노선의 운행기간은 5월초~9월중순
⏱ 오전노선은 4시간45분소요, 오후운행은 4시간35분소요
💲 어른: ￥2,870, 어린이: ￥1,330
➡ JR쿠시로 역(8시25분) → MOO(8시35분) → 쿠시로 프린스 호텔(8시35분) → 호소오카 전망대 → 콧타로 습원 전망대 → 쿠시로 습원 전망대 → 탄쵸즈루 자연공원 → 쿠시로 공항(12시25분) → JR쿠시로 역 앞(13시10분)

교통정보

오후노선: JR쿠시로 역 앞(14시) → 쿠시로 공항(14시40분) → 탄쵸즈루 자연공원 → 쿠시로 습원 전망대 → 콧타로 습원 전망대 → 호소오카 전망대 → MOO → 쿠시로 프린스 호텔 → JR쿠시로 역 앞(18시35분)

◎노롯코 호, 버스로 돌아보는 습원 일주: 먼저 버스를 타고 탄쵸즈루 공원과 쿠시로 습원을 돌아보고 노롯코 호를 타고 둘러본다. 두 종류의 교통수단을 모두 이용해 관광하면 4시간30분 정도 소요된다.

- 7/1~9/20 운행
- 4시간45분소요
- 어른: ¥3,100, 어린이: ¥1,440
- JR쿠시로 역 앞(8시25분) → MOO(8시35분) → 쿠시로 프린스 호텔(8시35분) → 탄쵸즈루 자연공원 → 쿠시로 습원 전망대 → 콧타로 습원 전망대 → 토로ECO 박물관 → JR토로 역(노롯코호 탑승) → JR쿠시로 역(12시54분) → JR쿠시로 역 앞(13시) → MOO(13시10분) → 쿠시로 프린스 호텔(13시10분)

◎관광객센터

JR쿠시로(釧路) 역 안에 쿠시로 시 관광안내소가 있어서 쿠시로 및 도우토(道東)지역의 관광정보를 얻을 수 있고 근처에 숙박시설을 소개해 주기도 한다. 9시~17시30분

◎온라인 정보

- www.city.kushiro.hokkaido.jp
- www.kushiro-kankou.or.jp

쿠시로 | 도우토

 명소

쿠시로시 탄쵸즈루 자연공원
釧路市タンチョウ鶴自然公園
- P124A3
- 釧路市鶴丘9-112
- JR쿠시로(釧路) 역에서 버스를 타면 약 30분정도 소요. 혹은 JR쿠시로(釧路) 역 근처의 아칸 버스터미널에서 카와유(川湯), 츠루이(鶴居) 방면으로 가는 버스를 타고 45분 정도 후 츠루미다이(鶴見大) 역에서 하차(버스 운행 횟수가 적기 때문에 돌아오는 차의 시간을 미리 알아두는 편이 좋다.)
- 4월10일~10월 둘째 주 월요

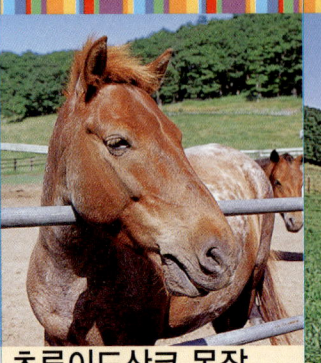

츠루이도산코 목장
鶴居どさんこ牧場
- P124B1
- 鶴居村久著呂71-1
- JR쿠시로(釧路) 역에서 츠루이호요센타(鶴居保養センター)나 카와유(川湯)로 가는 아칸(阿寒)버스를 타고 츠루이무라야쿠바(鶴居村役場)에서 내리면(1시간소요) 목장에서 보낸 사람이 맞이함
- 2인1실 투숙: ¥10,000엔, 말을 타고 하루 밖을 도는 코스: ¥15,000(약 5시간 소요, 승마장

비포함, 점심은 ¥315 추가)
- city.hokkai.or.jp/~tdf (e-mail을 통해 궁금한 점은 물어볼 수 있지만 예약은 불가)

쿠시로 습원에 위치한 이곳은 관광객에게 말을 타고 습원을 둘러보는 체험을 제공하고 있다. 1박2일

아칸탄초즈루 관찰센터
阿寒タンチョウ鶴観察センター
- P124A2
- 阿寒郡阿寒町23-40
- JR쿠시로(釧路) 역에서 아칸(阿寒)버스 승차, 탄초노사토(丹頂の里)에서 하차. 약 1시간 20분소요
- 9시~17시
- 4월1일~10월31일은 월요일 휴무, 11월1일~3월31일은 무휴
- 어른: ¥400, 초등학생과 중학생: ¥200

일: 9시~18시, 10월 둘째 주 화요일~4/9: 9시~16시
ⓗ 무휴
⑤ ¥310

아이누 족이 습원의 신이라 부르는 두루미는 일본에서는 국보급 조류이다. 1924년부터 매년 약 10여 쌍의 두루미가 쿠시로 습원에서 서식하기 시작하여 쿠시로는 매년 겨울, 두루미가 돌아오는 보금자리가 되었다. 이 공원에 오면 약 20여 마리의 두루미를 감상할 수 있다. 공원이 크지 않으므로 1시간 정도면 모두 돌아볼 수 있다.

정도 목장에 머무르면서 하루는 먼저 간단하게 말 타는 훈련을 받는다. 다음날은 코치의 인도 하에 습원에 들어가서 구경하기를 추천한다. 습원 내에 자연 생태계가 잘 보존되어 있어 봄에는 야채를 따다가 튀김으로 먹을 수 있고, 여름에는 습원에서 도시락을 먹을 수 있다. 가을에는 야생 버섯을 캐낼 수 있으며, 겨울에는 얼음에 뒤덮인 설원의 경치를 감상할 수 있다. 목장에 있는 통나무집에 머무르면 아름다운 석양도 감상할 수 있어 잊지 못할 추억을 선사할 것이다.

두루미는 쿠시로 습원과 같은 늪지대에 서식하지만, 겨울이 되면 습원 전체가 흰 눈으로 뒤덮이기 때문에 먹이를 찾기가 힘들다. 그래서 먹이 부족으로 죽는 것을 방지하기 위해 매년 1~3월이 되면 이곳에서는 인공적으로 먹이를 주는 방식으로 문제를 해결하고 있다. 겨울에 이곳을 방문하면 눈 앞에서 100~200마리의 두루미들을 볼 수 있다.

쿠시로 습원
釧路湿原

- P124B2
- 釧路市釧路湿原
- JR쿠시로(釧路) 역에서 센모혼센(釧網本線)을 타고 20분 정도면 쿠시로시츠겐(釧路湿原) 역에, 25분 정도면 호소오카(細岡) 역에, 35분 정도면 토로(塘路) 역에 도착한다. 아니면 습원 노롯코를 타고 쿠시로 습원을 돌아볼 수 있다. 또 츠루이(鶴居)나 카와유(川湯) 방면의 아칸버스를 타면 쿠시로 습원 전망대까지는 40분 정도가 소요되고, 츠루미다이(鶴見台)까지는 55분 정도 소요된다.

쿠시로가와를 관통하는 쿠시로 습원 국립공원은 26,681헥타르로 그 크기가 도쿄돔의 5,635배이다. 구역 내에는 특별 천연 기념물인 두루미와 그 외에 수많은 진귀한 동물들을 포함하여 200여 종의 동식물이 서식하고 있어 자연 생태계를 학습하는 최고의 교실이 될 것이다.

노롯코호: ノロッコ号

노롯코호 열차를 타면 가장 간편하고 여유 있게 습원을 둘러볼 수 있다. 습원을 여행하는 이 코스는 쿠시로에서 콧타로 사이의 아름다

누사마이바시
幣舞橋

- P125D3
- 釧路市北大通
- JR쿠시로(釧路) 역에서 도보 10분

누사마이바시는 쿠시로의 가장

운 경치를 둘러볼 수 있기 때문에 남녀노소를 불문하고 모두에게 사랑받고 있다. 사실 이 열차는 일본에서 가장 느린 열차로 우아하게 천천히 습원을 가로지른다. 길을 따라 가면서 차장이 주위의 생태 환경에 대해 설명해 주기 때문에 여행객들은 조금 더 정확하게 습원을 이해하면서 둘러볼 수 있다.

쿠시로 습원 전망대: 釧路湿原展望台

💲어른: ¥360

쿠시로 습원 서쪽에 있는 쿠시로 습원 전망대 안에는 습원 형성의 자료와 사진들이 많이 전시되어 있다. 전망대에서는 습원의 경치를 멀리 내다볼 수 있는 것 외에도 전망대 옆으로 나 있는 길을 따라서 쿠시로 습원으로 들어가 볼 수도 있다. 전망대가 JR센모혼센(釧網本線)에서 꽤 멀기 때문에 쿠시로 습원 전망대에 가려면 JR쿠시로(釧路) 역에서 츠루이(鶴居) 방향으로 가는 아칸버스를 타고 습원 전망대에서 내려야 한다.

호소오카 전망대 細岡展望台

JR센모혼센(釧網本線) 쿠시로시츠겐(釧路湿原) 역에서 내린 후 언덕을 따라 나 있는 길로 올라오다 보면 길 위에 펼쳐진 푸르름 속에서 다람쥐와 같은 동물들을 볼 수 있다. 가장 먼저 보이는 곳은 호소오카비지타즈라운지(細岡ビジターズラウンジ)인데 내부에는 매일 아침 9시부터 오후 6시까지 차와 휴식공간을 제공한다. 신분증만 있으면 이곳에서 무료로 망원경을 빌릴 수 있다. 2층의 전망대에서도 습원의 경치를 감상할 수 있는데 이 전망대는 습원의 석양을 바라볼 수 있는 가장 좋은 장소이다. 호소오카 관광객센터 쪽에 있는 전망대는 쿠시로 습원에서도 대표적인 곳으로 시야가 탁 트여 있다. 쿠시로가와 구불구불하게 쿠시로 습원을 가로질러 흘러가는 모습을 볼 수 있을 뿐 아니라 멀게는 오아칸다케(雄阿寒岳), 메아칸다케(雌阿寒岳)까지 보인다.

중요한 랜드 마크이자 홋카이도 3대 다리 중 하나이다. 다리의 양 옆에는 4개의 아름다운 인체 조각상이 있다. 밤이 되어 조명이 다 켜진 누사마이바시는 건너편 MOO의 불빛과 어우러져 환상적이고 아름다운 분위기를 만들어 낸다.

식당

쿠시로 무
釧路 MOO

- P125D3
- 釧路市錦町2-4
- JR쿠시로(釧路) 역에서 도보 10분
- 쇼핑: 10시~19시(7~8월은 9시~19시), 레스토랑: 11시~22시
- 무휴(신년제외)

누사마이바시의 강가에 자리한 MOO는 대형 기념품 판매 쇼핑센터이자 푸드코트로 쿠시로 및 도

와쇼이치바
和商市場

- P125C2
- 釧路市黑金町13-25
- 8시~18시
- 일요일

JR쿠시로 역 앞에 있는 와쇼이치바는 하코다테의 아사이치, 삿포로의 니조이치바와 함께 홋카이도의 3대 시장으로 불린다. 80여 개

쿠시로아부리야
くし炉あぶり家

- P125D2
- 釧路市末廣町5-6
- JR쿠시로(釧路) 역에서 도보 10분
- 17시~24시(일요일과 공휴일은 16시~23시)
- 무휴

카와무라
河むら

- P125D2
- 釧路市末廣町5
- JR쿠시로(釧路) 역에서 도보 10분
- 11시~22시(일요일과 공휴일은 16시까지)
- 월요일

카와무라는 쿠시로 라멘을 파는 대표적인 상점으로 많은 사랑을 받는 인기 라멘가게이다. 국물은 가다랑어, 닭 뼈, 양파로 우려내며 면은 특수 제작한 아주 가는 면을 사용한다. 담백하고 향기로운 맛이 일품이고, 도우토 대자연의 맛

우토(道東)지역의 유명한 특산물을 사고 싶다면 이곳이 제격이다. 그중에서도 특히 간페키로바타(岸壁炉端)가 유명하다. 먼저 티켓을 사서 (처음가격:￥1,000), 그 티켓을 가지고 해산물 구이를 시켜 먹으면 된다. 이 구이요리 전문점은 6〜9월에는 5시부터 21시30분까지 개방한다. (7〜8월 주말, 공휴일은 정오부터 9시30분까지)

의 상점이 모여서 신선한 해산물, 특산품, 과일 등을 판매한다. 그러나 무엇보다 와쇼이치바에서 가장 재미있는 것은 독특한 캇테동(勝手丼) 문화이다. 먼저 밥을 판매하는 상점에 가서 밥을 산 다음에 밥그릇을 가지고 여러 가지 해산물을 파는 노점상에 간다. 그곳에서 회, 게 연어 등 원하는 해산물을 골라 그 자리에서 값을 지불한다. 해산물이 가득 뒤덮인 밥은 ￥1,000 정도만 있으면 충분하다. 이곳에서는 먹고 싶은 만큼 맘껏 해산물을 먹을 수 있고 가격도 저렴하다.

🟠 카드 사용 가능

이곳은 해산물구이를 위주로 하는 화로구이 술집이지만 화로구이집 특유의 뿌연 연기 대신 우아한 일본식 인테리어와 고풍스러운 테이블과 의자가 있다. 차분한 분위기의 나무재질로 되어 있는 테이블의 중앙에는 오래된 듯한 화로가 있다. 내부에서는 재가 날리지 않는 고급 석탄을 사용하고 매일 쿠시로 항구에서 직접 배송되어 오는 신선한 물고기, 조개 등의 식재료를 사용한다. 맛있는 해산물 요리를 먹기 전에 쿠시로 맥주를 먼저 맛본다면, 더욱 더 분위기가 배가될 것이다.

이 그대로 느껴진다. 시오, 쇼유라멘(￥600)을 추천하지만 복고풍 시오, 쇼유라멘(￥700)도 맛있기 때문에 이 집에 오면 꼭 먹어봐야 한다.

로바타렌가
炉ばた煉瓦

- P125D3
- 釧路市錦町3-5-3
- JR쿠시로(釧路) 역에서 도보15분
- 17시~23시
- 부정기 휴무
- 카드 사용 가능

　로바타렌가는 메이지시대 말기에 지어진 창고를 리모델링해서 만들었다. 젠닛코호텔(全日航ホテル) 근처에 위치하는 이곳은 수산공사 직영점이기 때문에 해산물이 무척 신선할 뿐 아니라, 가격도 저렴하고 직접 구워먹는 즐거움도 느낄 수 있다.

쿠시로 미나토마치비어 본점
釧路港町ビール本店

- P125C3
- 釧路市入舟4-1-1
- JR쿠시로(釧路) 역에서 도보20분
- 17시~23시
- 부정기 휴무
- 카드 사용 가능

　구 쿠시로가와를 따라가다 보면 MOO 맞은편에 눈에 띄는 곳이 하나 있는데 이곳이 바로 쿠시로 미나토마치비어 본점이다. 이곳에서 생산되는 맥주는 100% 보리와 쿠시로의 깨끗한 수질로 만들어진다. 모두 4종류의 맥주가 있는데, 각각 쿠시로의 황금색 야경, 안개의 색, 석양을 모델로 만들었고, 나머지 하나는 달콤한 꿀맛으로 입맛을 자극한다.

치쿠로엔 아즈마야 총본점
竹老園東家総本店

- P125D3
- 釧路市柏木町3-19
- JR쿠시로(釧路) 역에서 18번 쿠시로버스를 타고 치요노우라(千代ケ浦)에서 하차, 도보7분
- 11시~18시　화요일

　치쿠로엔 아즈마야 총본점은 여러 종류의 메밀국수를 제공한다. 그중에는 기본적인 메밀국수와 온메밀국수 외에도 쇼와 천황이 즐겨 먹었다던 메밀국수세트도 있다. 새우튀김 두 개를 시켜서 뜨거운 면 위에 얹어 먹는 에비(海老)텐푸라나, 새우튀김 한 개를 얹어 먹는 에비텐난(海老天南)을 추천한다. 메밀국수를 좋아하는 사람들에겐 잊지 못할 곳이 될 것이다.

H 숙박

쿠시로 프린스 호텔
釧路 Prince Hotel

- P125C2
- 釧路市幸町7-1
- 쿠시로(釧路) 역에서 도보10분
- (0154)31-1111 (0154)31-1202
- 1인실: ¥11,000~13,300, 2인실: ¥18,500~24,300(조식 포함)
- www.princehotels.co.jp/kushiro 카드 사용 가능

  쿠시로 프린스 호텔은 쿠시로의 가장 큰 호텔로 고층에 있는 객실에서는 쿠시로의 야경과 태평양 위에 점점이 켜지는 고기잡이배들의 등불을 감상할 수 있다. 400여 개의 객실 내에는 모두 홋카이도 화가 혼마 타케오가 그린 쿠시로 습원의 아름다운 경치를 담은 그림이 걸려 있다. 객실 내에는 고속 인터넷 서비스를 구비해 놓고 있어 개인 노트북을 갖고 있는 손님들에게 제공하고 있다. 홀의 카운터에서는 관광정보 및 대리 예약 서비스도 제공하고 있어서 관광과 비즈니스에 모두 편리하다.

쿠시로 젠닛코 호텔
釧路全日航 Hotel

- P125D3
- 釧路市錦町3-7
- JR쿠시로(釧路) 역에서 도보10분 (0154)31-4111
- 1인실: ¥11,500부터, 2인실: ¥19,057부터(조식 포함)
- www.anahotelkushiro.jp 카드 사용 가능

  누사마이바시의 근처에 위치한 젠닛코 호텔은 고급스러운 분위기가 물씬 풍기면서도 압박감은 느껴지지 않는다. 홀, 객실, 레스토랑이 모두 고급스러우면서도 심플하다. 하룻밤 잘 자고 나면 1층의 분위기 있는 레스토랑에서 아침을 먹고 그날의 여행을 활기차게 시작할 수 있을 것이다.

유메코보
夢工房

- P124B1
- 阿寒群鶴居村字下幌呂
- JR쿠시로(釧路) 역에서 츠루이(鶴居) 방향으로 가는 아칸버스를 타면 된다. 50분소요
- (0154)65-2181
- (0154)65-2182
- 2인실 1박(두 끼 식사 포함): 1인당 ¥12,000부터,(세금 미포함), 4월말부터 5월초의 골든위크 기간, 크리스마스 기간은 ¥3,000 추가
- www.yumekobo96.com/topright.html

밤하늘에 가득한 별들 아래서 꿈에 빠져들고 싶다면 유메코보에 꼭 와보자. 3층 높이의 커다란 유리창으로 햇빛이 들어오면 통나무집은 아름다움과 한가로움으로 가득하게 된다. 한가롭고 여유로움을 기본 테마로 하여 연인들과 젊은 층을 기본 타깃으로 하고 있는 유메코보의 곳곳에서 유럽의 분위기가 풍긴다. 객실 내에는 천장에 있는 창이 열리도록 설계되어 있다. 그래서 누워서 별하늘을 바라보며 잠들 수 있고 이튿날 아침에는 따스하게 내리쬐는 햇빛 아래서 눈뜰 수 있다. 이곳의 또 다른 자랑거리는 음식인데, 이곳의 주방장이 예전에 삿포로의 큰 호텔에서 일한 적이 있어서 솜씨가 매우 뛰어나다. 일반 음식뿐 아니라 결혼식의 피로연 음식도 훌륭하다.

아칸코 (마슈코·카와유)

阿寒湖(摩周湖·川湯)

아칸 국립공원은 홋카이도의 도우토(道東)지역에 있으며 아칸코, 마슈코, 굿샤로(屈斜路湖) 등을 포함하고 있다. 7~8년 전 화산 활동 후에 지층이 침식하여 형성된 화산호로 호수 밑에 사는 귀여운 마리모로도 유명하다. 아칸코는 도우토 지역에서 유명한 온천 관광지이다. 또 호수의 주변에는 나무 조각 예술품 상점가들이 늘어서 있다. 마슈코는 신비로운 짙은 안개로 주목받는 곳으로, 마녀의 눈이라는 별명을 가진 짙은 파란색의 투명한 호수이다. 굿샤로 부근에는 카와유 온천지역이 있어서 수많은 온천호텔이 위치해 있다. 호수와 연결된 무료 노천 온천장은 매우 흥미로운 곳이다.

교통정보

철도

◎JR쿠시로(釧路) 역~아칸코(阿寒湖): JR쿠시로(釧路) 역에서 센모혼센(釧網本線)을 타고 JR마슈코(摩周湖) 역에서 하차, 역 앞에서 아칸코 온천으로 가는 버스를 탄다. 센모혼센은 매일 7번 운행되며, 약 1시간31분이 소요된다. ¥1,600. JR마슈코 역에서 아칸코로 가는 버스는 1시간 소요, ¥1,340

◎JR쿠시로(釧路) 역~마슈코(摩周湖): JR쿠시로(釧路) 역에서 센모혼센(釧網本線)을 타고 JR마슈코(摩周湖) 역에서 하차, 역 앞에서 마슈코로 가는 버스를 탄다. 그러나 하루에 2번만 운행되고, 운행시간 사이의 간격이 길기 때문에 별로 권하고 싶지 않다. 오래 머무르려는 것이 아니라 순전히 관광을 위해 온 것이라면 아칸, 마슈 국립공원선의 정기버스를 이용하는 것이 좋다.

◎JR마슈(摩周) 역~마슈코제1전망대(摩周湖第一展望台)
〈5월 1일~9월 30일〉

JR 마슈역(출발)	10시 25분	12시 10분
마슈 온천	10시 30분	12시 15분
마슈코제1전망대	10시 50분	12시 35분

〈5월 1일~9월 30일〉

마슈코제1전망대(출발)	11시 10분	12시 55분
마슈 온천	11시 28분	13시 13분
JR 마슈역	11시 35분	13시 20분

◎JR쿠시로(釧路) 역~카와유(川湯): JR쿠시로(釧路) 역에서 센모혼센(釧網本線)을 타고 JR카와유온천(川湯温泉) 역에서 하차. 역 앞에서 카와유 온천으로 가는 버스를 타면 10분 정도 소요된다.(매일 6~8회 운행되는 아칸버스는 8시부터 18시까지 있으며, 한 두 시간마다 한 대씩 있다. 상세한 시간표는 아칸버스 홈페이지에서 확인할 수 있다.) 센모혼센은 매일 7회씩 운행되며 1시간52분 소요된다. ¥1,970

◎카와유 온천(川湯温泉)~굿샤로코(屈斜路湖): 노선버스가 없고, 택시를 타면 약 20분정도 소요된다. 아칸, 마슈 국립공원선의 정기 버스를 타는 편이 편리하다.
버스: 이곳은 아칸버스가 운행된다. 출발시간은 계절에 따라 변동이 있으며 아래에 있는 시간표를 참고하면 된다. 매년 정확한 시간표는 홈페이지에서 확인이 가능하다.
🌐 www.akanbus.co.jp

◎JR쿠시로(釧路) 역~아칸코(阿寒湖): 아칸버스의 정기노선 버스가 운행되며 하루에 4~5회 운행. 약 2시간 소요. ¥2,650

◎JR쿠시로(釧路) 역~마슈온천(摩周温泉): 아칸버스의 정기 노선버스가 운행되며 하루에 왕복 2회 운행. 약 2시간 소요. ¥2,130

◎아칸 파노라마 코스: 아칸코, 마슈코, 굿샤로코 등 호수의 경치를 감상할 수 있다. 마슈코 제1 전망대, 이오잔(硫黃山), 굿샤로코 등을 지나며 잠시 멈춰 내려서 감상할 수 있다. 출발 시간때 다시 승차하면 된다.
🎫 티켓 판매처: 각 버스 정류장 옆이나 기차역 내에서 판매
💲 마슈코~카와유 온천: ¥2,100, 아칸코~마슈코 제1 전망대: ¥1,670엔, 카와유 온천~마슈코 제1 전망대: ¥710, 아칸코~JR 아바시리 역: ¥4,000

⟨5월 1일~10월 31일⟩

출발역 이름		
아칸코	7시 45분	14시 20분
마슈 온천	8시 50분	15시 10분
JR마슈역	8시 55분	15시 15분
마슈코 제1전망대	9시 10분	15시 40분
	9시 35분	16시 5분
마슈코 제3전망대	↓	16시 10분
카와유에키도리	9시 55분	16시 20분
이오잔	10시	16시 25분
	10시 20분	16시 45분
카와유 온천	10시 25분	16시 50분
스나유	10시 35분	
	10시 50분	
와코토 반도	↓	
굿샤로 프린스호텔	11시 5분	
비호로토게	11시 20분	
	11시 45분	
비호로 역 앞	12시 20분	
메만베츠 공항	12시 40분	
아바시리 역 앞	13시 50분	

출발역 이름		
아바시리 역 앞	9시 35분	11시 30분
메만베츠 공항	10시	12시 30분
비호로 역 앞	10시 20분	13시 40분
비호로토게	10시 55분	14시 15분
	11시 20분	14시 40분
굿샤로 프린스호텔	11시 32분	14시 50분
와코토 반도	11시 40분	↓
스나유(굿샤로코)	11시 55분	↓
	12시 10분	↓
카와유 온천	12시 20분	16시 40분
이오잔	12시 25분	16시 20분
	13시	16시 35분
카와유에키도리	13시 2분	16시 47분
마슈코 제3전망대	13시 15분	↓
마슈코 제1전망대	13시 20분	15시 30분
	13시 45분	15시 55분
JR마슈 역	14시 5분	17시 5분
마슈 온천	14시 10분	17시 10분
아칸호반	15시	18시

아칸호반

	A	B
1	阿寒湖 아칸코 双湖台 소코다이 阿寒湖観光汽船 아칸코 관광기선 あかん遊久の里鶴雅 아칸 유쿠노사토 츠루가	小島 코지마 石川啄木の碑 이시카와 타쿠보쿠의 비 Hotel 阿寒湖荘 호텔 아칸코소
2	오비히로 방향 → 民芸喫茶 ボロンノ 민예찻집 포론노 アイヌコタン 아이누코탄 ポンション 人形館 폰슌 인형관 えぞりす本店 에조리스 본점 阿寒 View Hotel 아칸 뷰 호텔	New 阿寒 Hotel 뉴 아칸 호텔 観光案内所 관광안내소 阿寒湖畔バス停 아칸호반 버스 정류장 阿寒 Royal Hotel 아칸 로열 호텔 ← 쿠시로 방향

기호 설명 ● 명소 ⑪ 호텔 ❶ 여행자 안내센터 🚌 버스정거장 🍴 쇼핑 ── 일반도로 ─── 철로 ─○─ 국도

아칸코 / 도우토

139

◎관광버스
이 지역은 모두 아칸버스가 운행되며 매 계절마다 관광버스노선이 있다. 인터넷이나 여행자센터에서 확인이 가능하다.

◎쿠루유리(くるゆり) 관광버스: 아바시리에서 출발하여 아칸 국립공원을 둘러본다.
➡ JR아바시리 역(9시 35분 출발) → 메만베츠 공항(10시 출발) → JR비호로 역 앞 → 비호로 역 → 와코토 반도 → 굿샤로코스나유 → 카와유온천 → 이오잔 → 마슈코 → 마슈 온천 → 아칸코(15시 도착, 17시 출발) → JR비호로 역 앞 → 메만베츠 공항(18시 30분 도착) → JR아바시리 역(18시 55분 도착)
❗ 5~10월 운행
⏱ 9시간 20분 소요
💲 어른: ¥4,900, 어린이: ¥2,450

◎아칸코 히가에리 버스: 아칸코에서 출발하여 굿샤로코, 카와유온천, 쿠시로를 돌아보는 이 버스는 하루 안에 도우토 지역을 둘러보고 싶은 사람에게 알맞은 코스이다.
➡ 아칸코 온천 각 호텔(7시 45분~출발) → 아칸코 버스센터(9시 30분 출발) → 탄쵸즈루 자연공원 → 쿠시로 공항(이곳에서도 탈 수 있음, 11시 출발) → 쿠시로 습원 전망대 → 와쇼이치바(시장이 열리지 않는 날은 MOO) → 쿠시로 공항(이곳에서 내릴 수 있음 13시 50분)→ 아칸코 온천 각 호텔
❗ 5~10월 운행
⏱ 10시간 15분 소요
💲 ¥4,000

◎여행자센터
아칸코의 온천거리에 관광안내소가 있어 이 지역의 관광정보 및 관광버스 노선을 제공하고 있다.
⏱ (9시~18시, 무휴)

◎관광 정보
아칸코: 🌐 www.lake-akan.com
마슈코: 🌐 www.masyuko.or.jp
테시카가(마슈코, 굿샤로코): 🌐 www.town.teshikaga.hokkaido.jp
마슈코노사토: 🌐 www.big-hokkaido.com/mashukonosato

명소

아칸코
阿寒湖

- P137A2
- 아칸 버스센터에서 걸어서 아칸코의 온천거리와 아칸코 관광기선 탑승구까지 5분소요
- 아칸코 관광기선: 5월 중순~11월 중순 운행, ¥1,350, 마리모 전시관찰센터 티켓: ¥400

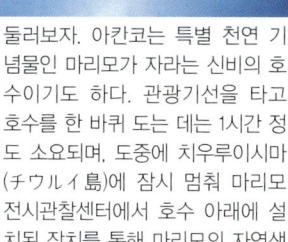

아칸코는 26km, 수심 44.8m인 해발 420m에 위치해 있는 화산호수이다. 그 안에 떠 있는 조그마한 섬들이 더욱 아칸코를 아름답게 하고, 호수 주변에는 아칸코 온천이 있어서 20여 곳의 온천호텔이 있다. 온천호텔 옆쪽으로는 기념품을 판매하는 상점들이 모여 있다. 근처에 있는 아이누 족 마을인 아이누코탄(アイヌコタン) 안에는 아이누 목조 공예품점이 있으니 천천히 둘러보자. 아칸코는 특별 천연 기념물인 마리모가 자라는 신비의 호수이기도 하다. 관광기선을 타고 호수를 한 바퀴 도는 데는 1시간 정도 소요되며, 도중에 치우루이시마(チウルイ島)에 잠시 멈춰 마리모 전시관찰센터에서 호수 아래에 설치된 장치를 통해 마리모의 자연생태를 관찰할 수 있다.

마슈코
摩周湖

- P137C1
- 清里町清水
- JR마슈(摩周) 역 앞에서 노선 버스를 타고 갈 수 있다. 혹은 아칸 파노라마 코스의 정기버스를 타면 된다.

아칸 파노라마 코스를 타고 마슈코 제3전망대에 내리면 가장 편하게 마슈코를 내려다볼 수 있다. 마슈코의 투명도는 1930년 41.6m로 기록되어 세계에서 가장 투명한 호수로 인정받고 있다. 호수 둘레는 총 21km이고 가장 깊은 곳은 수심이 212m이다. 호수의 사면이 모두 절벽으로 되어 있어서 마슈코는 쉽사리 다가갈 수 없는 신비의 호수이다. 게다가 쿠시로 습원에서 불어오는 짙은 안개가 자주 덮이기 때문에 더욱더 신비로운 분위기를 풍긴다.

아이누코탄
アイヌコタン

- P139A2
- 阿寒町阿寒湖温泉4-7-19
- 아칸 버스센터(阿寒バスセンター)에서 도보15분
- 11시~22시
- 무휴
- 아이누 족의 춤 공연 티켓 ¥1,000(하루에 5,6회 공연, 11~4월초는 야간 공연도 1~2회

아칸코 도우토

명소

있음. 공연 30분소요

아칸코의 아이누코탄은 홋카이도에서 가장 큰 아이누 족 마을로 총 40가구, 200여 명의 아이누 족이 이곳에서 생활하고 있다. 아이누 족은 홋카이도 원주민으로 현재 일본 열도에 있는 일본인들과는 혈통이 다르며 고유의 신화, 전설과 대자연 숭배 신앙을 갖고 있다. 이곳에서는 아이누 족의 전통 무용을 감상할 수 있고, 전통 공예품도 살 수 있다. 또 독특한 아이누 족 요리도 맛볼 수 있으며 아이누 족의 전통 의상을 입고 기념사진도 찍으면서 현지의 독특한 풍속을 느낄 수 있다.

굿샤로코

屈斜路湖

- P137B1
- 弟子屈町川湯
- 아칸 파노라마 코스의 정기버스를 타고 굿샤로코(屈斜路湖)의 스나유(砂湯)에서 하차

굿샤로코 주변에는 카와유 온천 지역 외에도 호수와 돌로 둘러싸서 만든 노천온천이 있다. 온천과 호수는 거리가 멀지 않아서 겨울에 날아드는 700여 마리의 백조와 함께 온천을 즐길 수 있다. 뭍에는 '스나유'라는 곳이 있다. 이곳은 손으로 모래를 10cm정도 파면 따끈따끈한 온천물을 볼 수 있는 흥미로운 곳이다.

이오잔
硫黃山

- P137C1
- 弟子屈町川湯
- JR카와유온센(川湯溫泉) 역에서 도보20분, 파노라마 코스의 정기버스를 타도 된다.

해발 510m의 이오잔은 항상 연기가 자욱하고 짙은 유황 냄새를 풍기는 활화산이다. 이오잔에서는 연기가 나오는 구멍을 구경하는 것 외에도 이 연기로 찐 유황계란도 살 수 있다. 또 상점에서는 노란색의 유황서리 아이스크림도 팔고 있다.

카와유 온천
川湯溫泉

- P137C1
- 弟子屈町川湯
- JR센모혼센(釧網本線)의 카와유(川湯) 역에서 하차. 역 앞에는 카와유 온천거리로 가는 버스가 있어 10분정도 소요된다. 그러나 운행시간이 몰려 있기 때문에 택시를 타거나 머무르려는 호텔에 예약하여 픽업 서비스를 이용하면 된다.

굿샤로코 근처에 있는 카와유 온천은 땅바닥의 온천이 호수면으로 솟아나와 연기가 뿌옇게 드리워지는 모습 때문에 카와유라는 이름이 붙었다. 카와유 온천의 온천량은 매우 풍부하고 흰색의 짙은 유황 성분은 특별한 치료 효과를 갖고 있다. 카와유 온천거리에 있는

카와유 옆에는 족탕온천이 있어서 잠시 발을 담그고 쉴 수 있다. 겨울에는 내천의 온천 수증기가 밤사이에 얼어붙어서 반짝반짝 빛나는 모습이 매우 아름답다.

쇼핑

폰숀 인형관
ポンション人形館

- P139A2
- 阿寒町阿寒湖温泉4-3-26
- 아칸 버스센터(阿寒バスセンター)에서 도보10분
- 9시~22시(12~4월: 10시~21시)
- 무휴

아칸코 온천의 상점가에는 목조 공예품 상점이 매우 많다. 그중에서도 이곳의 물건은 매우 독특해서 일본 전역의 민간 공예품 중 최고상을 차지하기도 했다. 꼬리 달린 장난꾸러기 여우가 갖가지 자세로 서 있기도 하고, 어딘가 오르고 있기도 하고, 구르기도 하는 행동들을 취하고 있다. 인형들의 균형감이 매우 뛰어나서 하나씩 놓아도 매우 귀엽다.

에조리스 본점
えぞりす本店

- P139A2
- 阿寒町阿寒湖温泉4丁目3-3
- 아칸 버스센터(阿寒バスセンター)에서 도보10분
- 7시~23시(11~4월: 10시~22시)
- 무휴

아칸코 온천 상점가에 위치한 에조리스는 특색 있는 목조 공예품 상점이다. 바이올린을 켜고 있는 여우, 아코디언을 연주하고 있는 난쟁이, 귀여운 부엉이 시계 등 모두 유명 조각가의 작품이다. 비록 가격이 싸진 않지만(1개당 ¥6800부터) 이 귀여운 목각 인형들 때문에 지갑 속에서 카드나 돈을 꺼내는 손님들이 적지 않다. 매장 안에는 부엉이 부부 장식이 걸려 있는데 이것도 나무를 조각하여 만든 것이다. 이름도 새겨 넣어 영원한 평안과 사랑을 축복한다.

식당

민예찻집 포론노
民芸喫茶ポロンノ

- P139A2
- 阿寒町阿寒湖温泉4-7-8
- 아칸 버스센터(阿寒バスセンター)에서 도보15분
- 9시~22시30분(11~4월: 12시~21시30분)
- 부정기 휴무

이곳은 아칸코의 아이누코탄 입구 쪽에 있다. 가게 안에는 늘 아이누 족의 민간 음악이 흐르며 사방에 온통 귀여운 목조품으로 장식되어 있다. 그러나 가장 인기 있는 것은 독특한 맛의 아이누 족 요리이다. 콩, 사슴고기 등의 재료에 전통 향신료를 넣어 만드는 요리(¥800부터)로 재료는 심플하지만 담백하고 독특한 맛이 난다.

H 숙박

아칸 유큐노사토 츠루가
あかん遊久の里鶴雅

- P139A2
- 阿寒町阿寒湖温泉4-6-10
- 아칸 버스센터(阿寒バスセンター)에서 도보15분
- (0154)67-4000
- (0154)67-2754
- 1박(두 끼 식사 포함): ¥19,950~¥73,500
- www.tsuruga.com
- 카드 사용 가능

아칸코에 위치하고 있는 츠루가 호텔은 온천의 분위기와 시설을 중시하고 있다. 이곳에는 두 곳의 온천탕이 있는데 한 곳은 1층의 호가덴(豊雅殿), 다른 한 곳은 8층에 있는 아마노소라(天の空)이다. 1층의 욕탕은 안에 누워서 즐길 수 있는 동굴욕탕이 있다. 밖이 내다보이는 8층의 욕탕 안에는 각양각색의 욕조가 있다. 또 창가 주변에는 바깥 풍경을 감상할 수 있도록 많은 욕조를 배치했고, 높은 곳에 있기 때문에 1층에 있는 욕탕보다 시야가 넓다. 눈이 오는 밤에 꼭대기 층에 있는 노천온천인 텐뇨노유(天女の湯)에서 눈이 오는 밤에 온천을 즐겨보면 최고의 분위기를 느낄 수 있을 것이다.

미소노 호텔
御園 Hotel

- P137C1
- 弟子屈町川湯温泉
- JR센모혼센(釧網本線)의 카와유(川湯) 역에서 하차, 역 앞에서 카와유 온천거리로 가는 버스를 타고 10분 정도면 도착한다. 그러나 횟수가 많지 않으므로 사전에 픽업 서비스를 예약하는 것이 좋다.
- (015)483-2511
- (015)483-2795
- 1박(두 끼 식사포함): ¥10,650부터
- www.misonohotel.com

미소노 호텔은 카와유 온천에서 가장 오래된 호텔 중 하나이다. 드넓은 노천온천 안에는 풍부한 온천수가 흐르고 있다. 호텔의 입구에도 귀여운 족탕이 있다. 저녁은 해산물 요리가 한 상 가득히 나오고 게 요리를 추가로 주문할 수 있다.

아바시리

網走 ABASHIRI

오호츠크 해와 가까운 아바시리는 얼음과 눈으로 뒤덮인 아바시리 감옥과 유빙으로 유명해지면서 점점 관광지로 이름을 알리게 되었다. 원래 아바시리 일대에는 하류가 매우 많았으나, 대량의 담수가 오호츠크 해로 유입되고 또, 주위 바다가 크고 작은 섬으로 둘러싸여 있어 외부의 해수가 진입하기 쉽지 않아 염분 농도가 옅어지게 되었다. 그리하여 보통 해수보다 얼기 쉽다. 한 겨울이 되면 중국, 러시아의 경계인 흑룡강의 강물이 오호츠크 해로 유입되기 때문에 염분 비율이 조금 달라져 해수면에 얇은 얼음이 생긴다. 이 얇은 얼음은 바닷물을 따라 남쪽으로 내려오면서 점점 넓어지는데, 시베리아에서 불어오는 대륙풍으로 인해 점점 이 얼음이 해안으로 떠밀려 내려오면서 밀도가 높아져 빙원을 이룬다. 그러나 최근에는 지구 온난화의 영향으로 아바시리의 유빙도 점점 감소하는 추세이다.

교통정보

◎JR쿠시로(釧路) 역~JR아바시리(網走) 역: JR센모혼센(釧網本線)을 타고 아바시리(網走) 역에서 하차. 쿠시로에서 아바시리까지는 3시간 소요.(보통열차만 운행) ¥3,570

◎JR아사히카와(旭川) 역~JR아바시리(網走) 역: 세키호쿠혼센(石北本線)의 특급열차인 오호츠크호(オホーツク号)를 타면 3시간 49분 소요. ¥7,550. 오호츠크호는 삿포로에서도 탈 수 있으며 삿포로에서 아바시리까지는 5시간 31분 소요. ¥9,640

◎겨울 한정 특급열차 '유빙특급 오호츠크노카제(流氷特急オホーツクの風)': 2월초에서 3월 중순까지 삿포로, 아사히카와, 아바시리 구간을 운행한다. 하루 1회 운행되며, 삿포로에서 아바시리까지는 ¥9,840. 아사히카와에서 아바시리까지는 ¥7,950

삿포로 출발(8시4분) → 아사히카와 출발(9시38분) → 13시20분 도착
아바시리 출발(14시17분) → 아사히카와 출발(18시2분) → 19시47분 도착

◎시내교통

아바시리 시내 교통은 JR아바시리(網走) 역 앞의 아바시리 버스센터에서 아바시리버스 시내관광시설 순환버스를 타면 된다. 이 버스의 노선은 시내의 주요 관광지를 포함한다. 매일 9시부터 4시까지 운행된다. 편도 ¥420

➡ 아바시리 버스터미널 → JR 아바시리 역 → 아바시리 형무소 → 아바시리 형무소박물관 → 오호츠크 유빙관 → 북방민족박물관 → 텐토랜드
아바시리 버스시간표 및 노선도: 🌐 www13.ocn.ne.jp/~abashiri

◎관광버스: 아바시리버스는 계절에 따라 특별 버스가 있다. 매년 상세한 관광노선과 시간표는 홈페이지 참고 🌐 www13.ocn.ne.jp/~abashiri

◎유빙로드버스: 겨울 유빙기간인 1월말~3월말에 운행하는 관광버스

⬇ 3시간 45분 소요
💲 ¥3,200(관광지의 입장권 가격 포함)
➡ 아바시리 버스센터(8시15분 출발) → JR아바시리 역 앞(8시25분 출발) → 텐토잔(天都山)(오호츠크유빙관) → 아바시리 형무소박물관 → JR 아바시리 역 앞(11시50분 도착) → 아바시리 버스센터(11시25분 도착)

◎산호초코스: 9월은 노토로코에 자라는 산호초들이 붉게 변하는 계절이다. 그래서 9월에는 관광버스를 운행하여 아름다운 산호초가 자란 붉은색의 호수의 풍경을 감상할 수 있다.

❗ 9월1일~9월30일 운행(예약요)
⬇ 8시간 50분 소요
💲 ¥5,000(관광지의 입장권 가격 포함)
➡ 아바시리 버스센터(9시 출발) → JR아바시리 역 앞(9시10분 출발) → 노토로코 산호초 → 칸도노미치 → 코시미즈 원생화원 → 오신코신 폭포 → 사이하테 시장(자유식사) → 시레토코고코 → 아바시리 버스센터(17시45분 도착) → JR아바시리 역 앞(17시50분 도착)

◎관광정보
🌐 abashiri.jp

명소

모코토야마 온천 시바자쿠라 공원
藻琴山温泉芝桜公園

- P147B2
- 網走郡東藻琴村末廣393
- JR아바시리(網走) 역에서 아바시리버스를 타고 히가시모코토야마(東藻琴山)에서 하차, 50분 소요, 택시를 타면 5, 6분 소요, JR센모혼센(釧網本線) 보통열차를 타고 히가시모코토야마(東藻琴山) 역에서 도보20분
- (0152)66-3111
- (0152)66-3112
- 모코토야마 온천 입장료: ¥500, 온천탕: ¥250, 숙박은 두 끼 식사 포함 1박 ¥5,000부터

　5월 중순에서 6월 하순에 이 공원의 언덕은 마치 커다란 한 폭의 그림처럼 분홍색으로 가득 차서 관광객들의 눈을 행복하게 한다. 또 모코토야마는 아름다운 꽃의 풍경 외에도 자연적으로 솟아오르는 온천으로 유명하다. 아름다운 꽃의 향연을 만끽한 뒤 모코토야마 온천에서 온천욕을 즐기자! 아주 편안하고 잊지 못할 여행이 될 것이다.

유빙관광 쇄빙선 오로라

流氷観光砕氷船おーろら

- P147A1
- JR아바시리(網走) 역에서 버스 승차, 쇄빙선 선착장에서 하차 (택시로 선착장까지 10분소요)
- (0152)43-6000
- 1월20일~4월 첫째 주 일요일까지만 운항, 날씨가 좋지 않을 때는 운행되지 않음. 하루 4, 5회 운항
- 1시간소요: ¥3,000, 사전예약제로, 출발 15분 전에 탑승 마감

아바시리 유빙과 삿포로의 눈 축제가 열리는 시기는 조금 차이가 있다. 기온이 내려가기 시작하는 1월 20일 정도가 유빙 초일이라 불리는 시기로 육안으로 오호츠크 해의 해안에서 바다 위에 얼어 있는 얼음을 확인할 수 있다. 이 시기가 1년에 한 번 있는 쇄빙선 관람철이

아바시리 형무소박물관

網走監獄博物館

- P147A2
- 網走市呼人1-1
- JR아바시리(網走) 역에서 버스를 타고 아바시리칸고쿠하쿠부츠칸(網走監獄博物館)에서 하차, 8분 소요
- 8시~18시(11~3월은 9시~17시)
- 무휴
- ¥1,050

1912년에 지어진 아바시리 형무소박물관은 실제 형무소를 리모델링하여 만든 박물관으로 1890년 이전에는 실제로 죄수를 수감하던 곳이었다. 박물관으로 꾸며진 형무소는 중앙의 홀에서 다섯방향으로 복도가 뻗어 있어, 한

시작되는 때이다. 유빙관광 쇄빙선 오로라는 유빙을 가까운 곳에서 감상할 수 있는 배이다. 출발하고 나서 1시간여를 유빙이 흐르는 꽤 깊은 곳까지 들어간다. 날씨가 춥고 눈이 올 수도 있기 때문에 유빙을 보러 갈 때는 두꺼운 옷, 눈신발, 모자 등 방한 용품이 필수이다.

 숙박

민박램프
民宿ランプ

- P147A1
- 網走市新町3-3-9
- JR아바시리(網走) 역에서 도보7분
- (0152)43-3928
- (0152)43-2621
- 식사 미포함, ￥2,800부터
- 카드 사용 불가
- www2.ocn.ne.jp/~lamp-in

아바시리 류효노오카 유스호스텔
網走流氷の丘Youthhostel

- P147A1
- 網走市字明治22-6
- 1. JR아바시리(網走) 역에서 택시로 10분소요 2. 후타츠이와(二ツ岩)행 버스 승차, 메이지이리구치(明治入口)에서 내려 다시 도보10분
  *사전 연락 시 픽업 서비스 제공
- (0152)43-8558
- (0152)43-8558
- 식사미포함: 비회원은 ￥4,100부터, 회원은 ￥3,100부터
- 카드 사용 불가
- www2.ocn.ne.jp/~ryuhyou/index.htm

명의 경비만 있으면 통제가 가능한 독특한 구조를 가지고 있다. 그 외 목욕탕, 독방 등에는 역사적 흔적들이 고스란히 남아있다.

9월 노토로코(能取湖) 산호초 축제

매년 9월 중순에서 10월까지 노토로코에서 자라는 산호초들이 붉게 변하면서 호수면을 감싸 경치가 매우 아름답게 변한다. 산호초가 붉게 변하는 이 시기에는 산호초 축제가 열려 오호츠크 해에서 잡아 올린 조개구이 등 다양한 해산물 구이를 먹을 수 있으므로 절대 놓쳐서는 안 된다.

시레토코

知床 SHIRETOKO

홋카이도 토호쿠(東北) 지방의 시레토코 반도는 원시 자연 그대로의 환경을 간직하고 있는 곳으로 '땅 끝의 비경'이라 불린다. 시레토코 반도는 오호츠크 해와 태평양으로 나누어져 있다. 이곳에는 라우스, 우토로, 시레토코 등 해발 1,000m 이상의 고산들이 있으며 우토로와 라우스 외에 다른 지방도 전부 고산이나 해안지대이다. 또 도로도 개통되어 있지 않아서 갈색 곰, 사슴, 부엉이 등 야생 동물의 천국이다. 이러한 아름답고도 진귀한 자연환경으로 시레토코는 2005년 유네스코 세계자연유산 명단에 이름을 올렸다.

교통정보

◎JR센모혼센(釧網本線)의 시레토코샤리(知床斜里) 역: 이곳은 시레토코 반도로 들어가는 관문이라고 할 수 있는데, 이곳에서부터 샤리버스를 타고 시레토코 반도의 우토로와 라우스로 간다. 시레토코에는 철도가 개통되어 있지 않다.

◎JR아바시리(網走) 역~JR시레토코샤리(知床斜里) 역: 쾌속 시레토코(快速知走)를 이용하면 40분 소요. ¥810

◎JR쿠시로(釧路) 역~JR시레토코샤리(知床斜里) 역: JR센모혼센(釧網本線) 보통 열차를 타면 2시간 24분 소요. ¥2,730(우토로 버스터미널에서 라우스로 가는 버스가 있다. 50분 소요)

◎메만베츠 공항(女満別空港)~우토로(ウトロ): 메만베츠 공항에서 우토로까지는 공항버스를 탄다. 아바시리에서 기차로 갈아타고 시레토코샤리에서 내려 다시 버스로 갈아타는 방법 외에 6월1일~9월30일까지 시레토코 익스프레스가 운행되어 메만베츠 공항, 샤리, 우토로를 연결한다. 하루 1회, 1시간 55분 소요. ¥2,700

*2월1일~3월15일까지는 메만베츠 공항, 호소, 우토로 사이를 운행한다. 하루 1회, 2시간 20분 소요. ¥2,800

◎시내교통

시레토코의 주요 관광지는 우토로에서 라우스까지이다. 특히 우토로는 시레토코고고, 시레토코 관광선 선착장과 가깝고 천연 온천이 있어 시레토코를 대표하는 도시가 되었다. JR시레토코샤리(知床斜里) 역 옆에는 샤리 버스센터가 있어 이곳에서 티켓을 사고 우토로와 라우스로 들어갈 수 있다.

상세한 버스 시간표와 노선은 샤리버스의 홈페이지에서 확인 가능

 www.sharibus.co.jp

시레토코의 자연환경을 보존하기 위해서 7월말부터 8월말까지의 여름철 성수기에는 시레토코의 우토로부터 일반 차량의 통행이 금지된다. 그러나 허락된 관광버스는 진입할 수 있는데 20분에 한 대씩 운행되고, 시레토코 버스터미널, 시로토코 자연센터, 시레토코고고, 시레토코오-하시(知床大橋), 카무이왓카유노타키(カムイワッカ湯の滝)를 운행하여 일본에서 차를 운전할 수 없는 관광객들에게 알맞은 코스이다. 시레토코 자연센터~카무이왓카유노타키, 시레토코오-하시까지의 편도는 ¥590, 왕복

은 ¥1,180이다. 우토로 온천 버스터미널에서 티켓을 구입할 수 있으며 왕복 티켓 구간 안에서는 횟수에 제한 없이 자유롭게 승하차가 가능하다.

◎관광버스
성수기가 아닐 때 시레토코고코를 둘러보고 싶다면 샤리버스를 타는 관광코스가 필수이다. 시레토코샤리에서 노선 1을 타고 우토로까지 가서 다시 노선 2를 타면 시레토코고코를 관광하게 된다.

- 4월말~10월말 운행
- 노선 1: 어른- ¥1,640, 어린이- ¥900, 노선 2: 어른- ¥2,740, 어린이- ¥1,530
- 티켓 구입처: JR시레토코샤리(知床斜里) 역 옆에 있는 샤리 버스센터나 우토로 버스터미널

노선 1: JR시레토코샤리 역 옆에 있는 샤리 버스센터(8시40분 출발) → 오신코신 폭포(9시10분~9시20분) → 우토로항 시레토코 관광선 선착장(9시30분~9시35분) → 우토로 온천 버스터미널(9시40분 도착)

노선 2(4월28일~7월12일, 9월21일~10월31일): 우토로 온천 버스터미널(9시50분 출발) → 시레토코고코(11시~12시) → 시레토코 자연센터(12시15분~13시50분) → 우토로 온천 버스터미널(13시55분 도착)

노선 3(7월13일~9월20일): 우토로 온천 버스터미널(9시50분 출발) → 시레토코오-하시(11시30분) → 카무이왓카우노타키(11시33분~11시53분) → 시레토코고코(12시20분~13시20분) → 우토로 온천 버스터미널(13시55분 도착)

◎관광객센터
우토로 온천 버스터미널 안에 관광정보센터가 있어서 최신 여행정보와 숙박 정보를 얻을 수 있다. 8시~20시

◎관광정보
동홋카이도 체험 관광 홈페이지
- www.easthokkaido.com
- www.town.shari.hokkaido.jp/shiretoko/index.htm

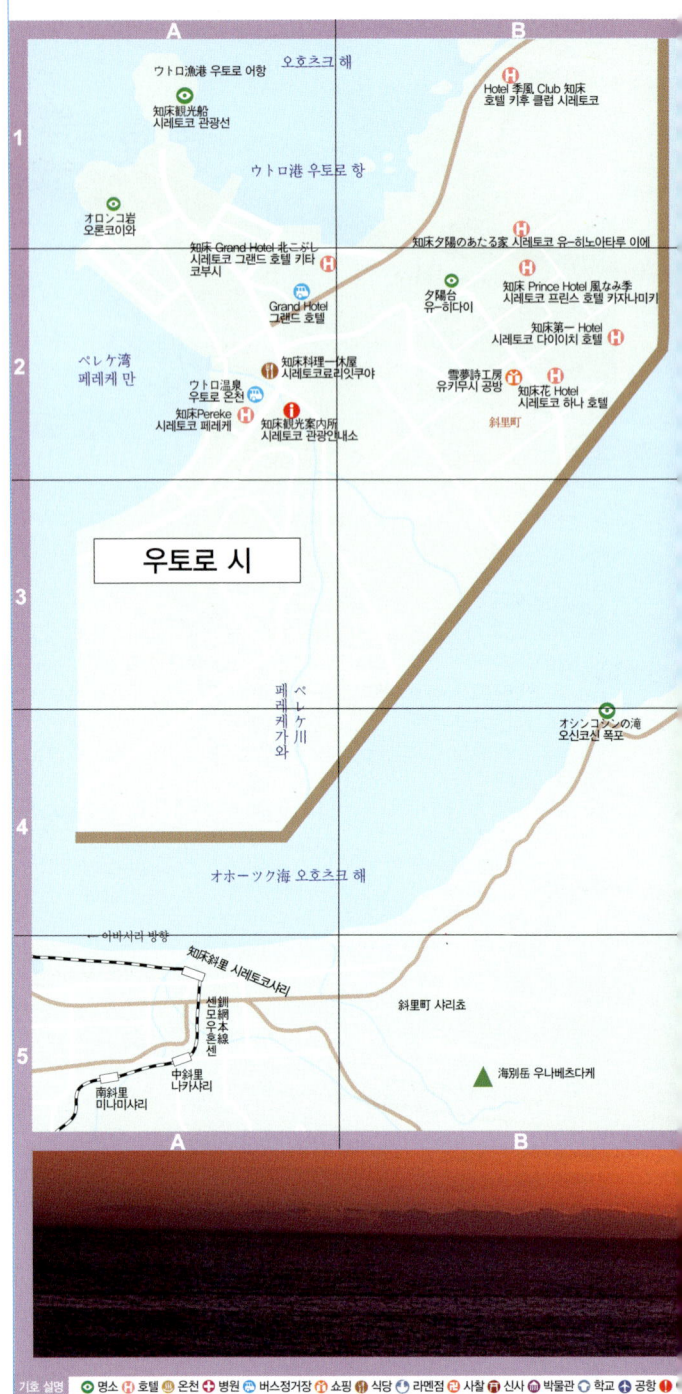

명소

시레토코고코는 시레토코 반도의 주요 관광지로 도보로 한 번 둘러보는 데 한 시간 정도가 소요된다. 이곳은 5개의 크고 작은 호수로 이루어져 있으며 그중 1호가 가장

시레토코고코
知床五湖

- P155C3
- 斜里町遠音別村字岩尾別
- 우토로 온천 버스터미널(ウトロ温泉バスターミナル)에서 버스를 타고 시레토코고코(知床五湖)에서 하차

시레토코 관광선
知床觀光船

- P154A1, P155C2
- 斜里町宇登呂東107
- 우토로 온천 버스터미널(ウトロ温泉バスターミナル)에서 도보 10분
- 4월28일~10월 하순 운항(시레토코 6~9월)
- 이오잔코센(硫黄山航線): ¥2,700(약1시간30분소요, 출발시간: 8시15분, 10시30분, 12시30분, 14시30분, 16시15분, 16시30분), 시레토코 미사키센(知床岬線, 약 3시간 소요, 출발시간:10시)

높은 산들이 우뚝 솟아 있는 시레토코 반도에는 우토로와 라우스 사이를 연결하는 시레토코 횡단도

시레토코 자연센터
知床自然センター

- P155C3
- 斜里町岩尾別531
- 우토로 온천 버스터미널(ウトロ温泉バスターミナル)에서 버스를 타고 시레토코시젠센타(知床自然センター)에서 하차
- 8시~17시40분(10/21~4월19

크다. 시레토코의 산이 수면에 비쳐 아름다운 풍경을 만들어내며 가끔 여기저기서 사슴이 나타나 풀을 뜯기도 하고 갈색 곰이 출몰하기도 한다. 호수 주변의 나무에는 곰이 할퀸 흔적이 있다. 곰이 자주 목격될 때에는 관광객들의 안전을 도모하기 위해 출입을 금지하며, 자연 생태계의 균형도 유지한다.

로 외에 다른 지역과 연결되는 도로는 없다. 그래서 시레토코를 둘러보기 위한 유일한 방법은 관광선을 타고 바다 위를 한 바퀴 도는 것이다. 해안선을 따라가다 보면 절벽 위에서 떨어지는 수많은 폭포와 동굴들을 볼 수 있다. 또 운이 좋으면 갈색 곰이 해변에서 느릿느릿 걸으며 먹이를 먹는 광경도 볼 수 있다.

일: 9시~16시)
ⓗ 무휴
ⓢ 무료

시레토코 자연센터 내에는 시레토코 반도의 생태자료, 동식물의 분포 상황이나 연구 보고, 시레토코고코에 있는 갈색 곰의 정보나 개방 상황 등을 전시한다. 그 외에 기념품 판매소에는 해당화 아이스크림을 파는데 옅은 분홍색과 달콤한 맛 때문에 시레토코고코의 인기상품이 되었다. (시레토코고코 주차장 입구의 기념품 판매처에서도 판매한다.) 센터 뒤쪽의 산책로에는 처녀의 눈물(乙女の涙)이라고 불리는 폭포가 있다. 아름다운 폭포가 바다 풍경과 어우러져 한 폭의 그림같은 광경을 연출한다. 시레토코를 방문할 기회가 생긴다면 이곳 역시 절대 놓치지 말자.

오신코신 폭포
オシンコシンの滝

- P154B4
- 斜里町宇登呂口
- JR시레토코샤리(知床斜里) 역 앞에서 샤리버스 노선 1 이용

오신코신 폭포는 오호츠크 해 옆의 우토로로 가는 길에 있다. 80m의 현무암 기둥 모양의 산벽을 힘차게 흘러 내려오는 이 웅장한 폭포는 중간에서 양 갈래로 물줄기가 나뉘는 모습이 장관이다. 아이누 족 말로 "가문비나무가 무리지어 군생하는 곳"이라는 어원을 가진다. 오신코신 폭포는 일본의 폭포 100선에 꼽히기도 한다.

라우스다케
羅臼岳

- P155C3
- 우토로 온천 버스터미널(ウトロ温泉バスターミナル)에서 이와오베츠 온천(岩尾別温泉)행 버스 승차, 종점에서 하차

일본의 100대 명산 중 하나인 라우스다케는 해발 1,661m로 시레토코의 주요 봉우리이다. 등산로 입구에 위치한 이와오베츠 온천 뒤쪽의 키노시타고야(木下小屋)에서 시작하여 7시간 30분 정도 소요되는 등산 코스를 오르다 보면 갈색 곰이 출몰하는 지역을 지나가게 된다. 특히 7월초부터 8월 중순까지는 고산 식물의 개화 시기여서 경치가 더욱 아름답다. 산의 기후가 수시로 변하기 때문에 라우스다케를 등반할 때는 등산화, 지도, 물, 비상식량 등을 꼭 준비해야 한다.

오론코이와
オロンコ岩

- P154A1
- 斜里町宇登呂
- 우토로 온천 버스터미널(ウトロ温泉バスターミナル)에서 도

카무이왓카유 폭포
カムイワッカ湯の滝

- P155C2
- 斜里町岩尾別
- 5월 하순부터 11월 하순까지는 우토로 온천 버스터미널(ウトロ温泉バスターミナル)에서 버스를 타고 카무이왓카유노타키(カムイワッカ湯の滝)에서 하차, 강을 따라 위로 올라간다. 약 30분 소요

카무이왓카유 폭포는 시레토코에서 유명한 천연 온천이다. 계곡이지만 시원한 물이 흐르는 것이 아니라 온천이 흐르고 있다. 그래서 여름에는 흔히 볼 수 없는 광경이 펼쳐지기도 한다. 많은 관광객들이 입구에서 파는 미끄럼 방지 신발(¥500)을 빌려서 계곡을 오르는데, 시간은 30분 정도 소요된다. 온천을 즐기고 싶다면 이곳은 남녀혼욕이므로 반드시 수영복을 가져가야 한다.

보10분

시레토코 8경 중의 하나인 시레토코의 석양은 아름답기로 정평이 나 있다. 하지만 석양대에서 감상하는 것보다 오론코이와에서 석양을 감상할 것을 권한다. 시레토코 관광선 선착장 옆에 있는 이 바위는 해변의 절벽에 우뚝 서 있기 때문에 바닷바람을 마주하며 석양을 감상할 수 있다. 매우 로맨틱하고 아름다운 추억이 될 것이다.

쇼핑

유키무시 공방
雪夢詩工房

- P154B2
- 斜里町宇登呂香川
- 우토로 온천거리에 있으며 우토로 온천 버스터미널(ウトロ温泉バスターミナル)에서 도보15분
- 8시30분~18시30분(7,8월은 6시~22시)
- 부정기 휴무

나무로 지어진 유키무시 공방은 우토로 온천거리에 있다. 많은 화분들이 손님들을 맞이하고 있는 유키무시 공방은 섬세하면서도 아름다운 목조 공예품을 판매하는 곳으로, 매장 내 대부분의 제품은 주인이 직접 만든 것이다. 이곳의 제품들은 다른 기념품점에서 판매하는 것보다 훨씬 더 정교하고 예쁘기 때문에 한번 둘러볼 만하다.

식당

시레토코료리 잇큐야
知床料理一休屋

- P154A2
- 斜里町ウトロ東13
- 우토로 온천 버스터미널(ウトロ温泉バスターミナル)에서 도보2분
- 11시~18시(7,8월은 19시까지)
- 부정기 휴무

시레토코의 우토로 항구는 도우토(道東)지역에서 유명한 어항이다. 잇큐야는 시레토코에서 잡힌 신선한 해산물로 조리하기 때문에 그 맛이 일품이다. 그중 오야코동(親子丼, ￥1,365)이 가장 인기 있다. 흰 쌀밥 위에 주황색의 연어 회를 올리고, 이 집에서 특별히 발효해서 만든 간장에 담근 연어 알을 올려서 한 입 먹어보면 깨무는 순간 신선한 즙이 흘러나와 입 안이 싱그러워진다. 그 외에도 여름에만 먹을 수 있는 성게, 연어 알 덮밥(ウニイクラ丼, ￥2,300)도 최고의 신선함을 맛볼 수 있는 음식이 될 것이다.

H 숙박

시레토코 다이이치 호텔
知床第一Hotel

- P154B2
- 斜里町ウトロ香川306
- 우토로 온천거리에 있으며 우토로 온천 버스터미널(ウトロ温泉バスターミナル)에서 도보15분
- (0152)24-2334 F (0152)24-2261
- 1박2식: ¥11,550부터 카드 사용 가능
- www.shiretoko-1.com

　시레토코 다이이치 호텔은 우토로 온천의 높은 곳에 자리하고 있으며 호텔 안에 있는 전망대 욕장에서 아름다운 시레토코의 석양을 감상할 수 있다. 온천을 즐기면서 석양이 천천히 오호츠크 해 속으로 모습을 감추며 하늘이 은은한 붉은 색이 되면 환상적인 분위기를 느낄 수 있다. 호텔의 저녁 식사는 뷔페식으로, 백여 가지가 넘는 전 세계 요리를 제공하며, 털게, 킹크랩 등의 신선한 해산물을 배부를 때까지 먹을 수 있다.

호텔 치노하테
Hotel 地の涯

- P155C3
- 斜里町岩尾別温泉
- 우토로 온천 버스터미널(ウトロ温泉バスターミナル)에서 이와오베츠 온천(岩尾別温泉)행 버스를 타고 종점에서 하차
- (0152)24-2331 F (0152)24-2280
- 1박2식: ¥10,650~¥21,150 카드 사용 가능
- www6.ocn.ne.jp/~iwaobetu

　호텔 앞에는 무료로 이용 가능한 이와오베츠 온천이 있다. 이곳은 시냇물 옆에 있는 삼단식 노천온천이다. 숲속에 숨어있는 비밀스러운 분위기로 가득한 이곳은 일본에서 가장 투명한 식염천이다.

시레토코 페레케
知床 Pereke

- P154A2
- 斜里町ウトロ西166
- 우토로 온천 버스터미널(ウトロ温泉バスターミナル) 앞
- (0152)24-2236 F (0152)24-2237 11월 중순~1월 하순
- 1박2식: ¥6,800~7,600 카드 사용 불가

　이 민박집은 우토로 온천 버스터미널 맞은편에 자리하고 있어서 교통이 매우 편리하다. 그리고 세탁, 건조기를 구비해 놓고 있어 배낭여행객들에게는 안성맞춤이다.

홋카이도 여행 정보

Hokkaido information

기본 정보
- 국명 : 일본
- 정식국명 : 일본국
- 수도 : 도쿄(Tokyo)
- 언어 : 일본어
- 종교

  신도교를 믿는 사람이 가장 많으며, 그 외 불교, 천주교 등이 있다.
- 환경과 지리

  동북아시아에 위치한 섬나라로, 네 개의 큰 섬 홋카이도, 혼슈, 큐슈, 시코쿠와 많은 작은 섬들로 이루어졌다. 서쪽은 동해, 대한해협, 중국 동해와 인접하고, 동쪽은 태평양과 인접해 있다. 험준한 산맥과 화산이 많으며, 연해는 좁은 평원으로 이루어졌다.
- 환율

  일본 ¥100이 약 977원 정도
- 화폐

  일본은 ¥엔화. 지폐는 ¥10,000, ¥5,000, ¥2,000, ¥1,000, 동전은 ¥500, ¥100, ¥50, ¥10, ¥5, ¥1이 있다.
- 우편 행정

  우체통은 빨간색, 초록색 두 가지가 있는데, 빨간색은 현지 우편물, 초록색은 국외 우편물(어떤 지역은 빨간색 우체통만 있는 곳도 있음). 우체국 운영시간 – 월요일~금요일 9시~19시, 토요일 9시~17시. 항공우편엽서 요금 ¥70, 항공 편지 요금 ¥90(10그램 이하로 제한, 아시아 국가로 보낼 때, 호주, 뉴질랜드는 불 포함 10그램 이상은 10그램 당 ¥60 추가)
- 전화

  시내 통화 요금은 45초당 ¥10이고, 편의점과 전화카드 자동판매

기에서 전화카드를 살 수 있다. 카드는 ¥500과 ¥1,000 두 종이 있고, 동전 투입 전화에는 ¥10 또는 ¥100을 사용한다.
국제전화를 걸 때, 우선 001(일본의 대표적인 전화 회사 번호) –010–국가번호–지역번호(0은 뺀다)–전화번호를 누른다.

· 시차
시차 없음

· 상점 영업시간
상점마다 다르지만, 일반적으로 10시~19시 또는 20시까지 영업하는 상점이 많은 편이다.

비자 신청

외국인이 일본에 입국하기 위해서는 유효한 여권을 소지하고 그 여권에 유효한 사증(비자)을 받아야 한다. 단, 2006년 3월 1일 이후 일반여권을 소지한 한국인은 단기체재 목적으로 일본에 입국하는 경우 사증이 면제된다.

· 사증에 관한 문의 (주한일본대사관)
· 전화 : (02)739-7400
· 홈페이지 : www.kr.emb-japan.go.jp

홋카이도

홋카이도는 일본의 4개 주요 섬들 중 두 번째로 크다. 일본 최북단에 위치하며 여러 개의 작은 섬들로 구성되어 있다. 이 섬은 츠가루 해협(津輕海峽)을 사이에 두고 혼슈를 비롯한 남부지역과 분리되어 있다. 홋카이도의 기후는 일본의 다른 지역들과 매우 달라서 여름에는 비교적 시원하고 겨울에는 눈이 많이 내리며 매우 춥다. 홋카이도는 산맥이 섬을 가로지르고 있어 원시림, 활화산, 큰 호수 등 아름다운 자연경관으로도 유명하다. 중심도시인 삿포로(札幌)는 매년 2월 초에 거행하는 눈 축제로 유명한데, 눈과 얼음으로 만들어진 많은 대형 조각품들이 전시된다.

홋카이도의 지리와 기후

홋카이도는 면적 77,981.87km²의 넓이로, 세계에서 21번째로 큰 섬이다(일본에서는 혼슈에 이어 두 번째). 아일랜드 섬보다 약간 작고, 카라후토(樺太) 섬보다 약간 크다. 남쪽의 혼슈와는 츠가루 해협을 사이에 두고 떨어져 있지만 세이칸 터널로 인해 철도로 연결되어 있다. 북쪽은 소야 해협을 사이에 두고 카라후토와 마주보고 있고, 동쪽으로는 치시마 열도가 이어져 있어 간접적이지만 러시아와 국경을 사이에 두고 있다. 서쪽의 동해, 남동쪽의 태평양, 북동쪽의 오호츠크해, 세 개의 바다에 둘러싸여 있다. 기후는 도우난(道南)지역에서 도우오(道央)지역 연안부에 걸쳐 서양 해안선 기후를 볼 수 있다. 도우토(道東)지역이나 도우호쿠(道北)지역 등은 아한대 습윤기후로 여름과 겨울의 온도차가 크며 홋카이도 전역이 폭설 지대이다.

기온은 여름과 겨울 다 일반적으로 동해측이 높고, 오호츠크해와 태평양측이 낮다. 홋카이도 지방에는 장마가 없어졌다고 판단되어 기상청에서도 홋카이도의 장마철은 발표하지 않지만 장마전선이 홋카이도에 걸쳐져 있어, 2주 정도 날씨가 흐릴 때가 있다. 이것을 에조장마(蝦夷梅雨)라고 한다.

또, 태풍의 내습도 적다. 온다 하더라도 태풍으로서 상륙하는 것이 아니라 온대저기압이 되고 나서 상륙하는 것이 많다. 그러나 한 번 혼슈에 상륙했던 태풍이 해상에서 세력을 회복해 홋카이도에 상륙하는 일도 있어서 피해가 커지는 일도 있다.

교통 정보

◎신치토세 공항(新千歳空港)
홈페이지:http://www.new-chitose-airport.jp
JR
삿포로역(札幌駅)까지 : 신치토세공항(新千歳空港)~삿포로(札幌)간 쾌속 에어포트(快速エアポート) 운행. 소요시간 36분 (¥1,040)
오타루(小樽)까지 : 소요시간 1시간 12분 (¥1,740)
오비히로(帯広)까지 : 소요시간 2시간 30분 (¥5,390)
아사히카와(旭川)까지 : 소요시간 2시간 (¥5,040)
토마코마이(苫小牧)까지 : 소요시간 30분 (¥670)
※시간대에 따라 달라질 수 있으니 자세한 사항은 JR신치토세공항 역에 문의.

Tel : (0123)45-7001
◎버스
〈北海道中央バス〉
타는 곳 : JAL A 도착 로비 안
삿포로(札幌) 시내까지 : 소요시간 70분 (¥1,000)
Tel : (0123)46-5666
〈北都交通〉
타는 곳 : ANA 도착 로비 안
삿포로(札幌) 시내까지 : 소요시간 70분 (¥1,000)
Tel : (0123)23-2095
〈道南バス〉
타는 곳 : ANA · JAL 도착 로비 안
토마코마이(苫小牧) 시내까지 : 소요시간 45분 (¥600)
무로란(室蘭) 시내까지 : 소요시간 1시간 50분 (¥1,530)
우라카와(浦河) 시내까지 : 소요시간 3시간 40분 (¥2,550)
호베츠(穂別) 시내까지 : 소요시간 1시간 2분 (¥1,830)
Tel : (0123)46-5701

홋카이도 시내 교통 정보

철도 할인 티켓
◎Japan Rail Pass : www.japanrailpass.net
　혼슈에서 홋카이도까지 등 이동구간이 비교적 긴 여행에 적합하다. 그러나 단기 비자를 가지고 있는 외국인에게만 발권된다.
1. 티켓 판매처: 일본이 아닌 국내 여행사에서 판매

2. **사용법**: 국내에서 구입하는 것은 교환권이므로 일본에 간 후 국제공항(나리타, 칸사이 등등)이나 JR 주요 역의 미도리창구에서 여권과 교환권을 보여주면 패스를 준다. 재팬 레일 패스는 연속 사용식이기 때문에 사용을 시작하는 날짜를 잘 선택해야 하고, 3개월 이내에 사용을 완료해야 한다. 역을 출입할 때에는 역무원에게 패스를 보여주어야 한다. 자동 개찰구는 통과할 수 없다.

3. **탑승 가능 차종**: JR 신칸센의 자탄열차, 특급열차, 급행열차, 보통열차와 일부 JR 버스(야간열차의 침대석, 특별석등 독립된 좌석은 무료로 사용 불가. 특별석과 침대석의 차액을 지급하면 사용할 수 있다) 사용 가능. 지정석과 자유석의 좌석은 무료로 이용할 수 있으며 지정석을 탈 때에는 반드시 먼저 미도리 창구에 가서 자리를 정해야 한다.

4. **재팬 레일패스 종류**

패스 종류	보통 좌석	미도리 특급 좌석
연속 7일	¥28,300	¥37,800
연속 14일	¥45,100	¥61,200
연속 21일	¥57,700	¥79,600

* 6~11세의 어린이는 반 가격

◎**JR 홋카이도 패스**: www2.jrhokkaido.co.jp/global/korean/index.html

구역 패스로 단기 체류 비자를 가진 외국인만이 사용 가능하다. 만일 홋카이도 내에서 이동 계획이 많고 빈번히 장거리를 JR 계통으로 이용할 예정이라면 이 패스를 사는 것이 좋다.

1. **티켓 판매처**: 일본이 아닌 해외 대리여행사, 일본 홋카이도 내의 주요 JR역의 미도리 창구

2. 사용 가능 교통수단: 유효기간 내에는 대부분의 홋카이도 JR 열차(특급열차 포함), JR 버스에서 사용 가능하다. 타기 전 자리를 예약할 때(지정석) 지정석 티켓의 가격을 더 낼 필요가 없다.

3. 적용되지 않는 차종: 삿포로에서 아사히카와(旭川), 몬베츠(紋別), 오비히로(帶広)로 가는 장거리 JR홋카이도 버스는 사용불가. 철도에서는 야간열차의 침대칸은 침대티켓 및 특급티켓의 비용을 추가로 내야 한다.

4. 사용방식: 만일 일본이 아닌 다른 곳에서 산다면, 먼저 교환권을 갖게 되는데, 홋카이도에 도착하고 나서 3개월 이내에 패스로 교환해야 한다.

5. 차종&가격

차종	가격
연속 3일 보통좌석	￥14,000
연속 3일 1등석	￥20,000
연속 6일 보통좌석	￥18,000
연속 6일 1등석	￥25,000

* 6~11세 어린이는 반 가격

◎**홋카이도 프리킷푸/ 홋카이도 페어킷푸**

국적, 연령을 불문하고 모두 구입 가능하다. 만일 홋카이도 내에서 이동시간이 5일이 넘는다면, 이 티켓을 사는 것이 가격이 비교적 저렴하다. 이용 가능 범위가 JR홋카이도패스와 같지만 날짜는 7일로 더 길다.

1. 사용 가능 교통수단: 유효기간 내에는 홋카이도 대다수의 JR 열차(특급열차 포함), JR 버스에서 사용 가능하다.

2. 티켓 판매처: 일본 홋카이도(北海道), 토호쿠(東北)지역, 칸토(関東)지역, 시코쿠(四国) 및 큐슈(九州)의 주요 JR 역 안의 미도리 창구에서 구입 가능

3. 사용기간: 일본 여행 성수기 외. 성수기: 12월2일~1월4일(신년휴가), 5월3일~5월5일(골든위크 휴가), 8월13일~8월16일(휴가기간)

4. 차종 & 가격

◎**홋카이도 프리킷푸 보통좌석**
￥23,750 – 1인 연속 7일 사용 좌석을 정할 때 지정석 비용을 추가로 내야 함

◎**홋카이도 페어킷푸 보통좌석**
￥43,220 – 2인 연속 7일 사용

◎**홋카이도 프리킷푸 1등석**
￥34,860 – 1인 연속 7일 사용 좌석을 정할 때 지정석 비용을 추가로 낼 필요가 없고 야간열차의 침대칸을 무료로 예약할 수 있음

◎**홋카이도 페어킷푸 1등석**
￥63,200 – 2인 연속 7일 사용

◎**JR 홋카이도 & 동일본 패스**

계절 한정 지역형 철도패스로, 5일 연속으로 칸토(関東), 코신에츠(甲信越), 토호쿠(東北), 홋카이도(北海道) 지역 내의 각종 JR 보통열차, 쾌속열차 이용 가능. 국적, 연령 불문 모두 구입 가능

1. 티켓 판매처: JR 동일본이 운영하는 범위 내의 주요 JR 역에서 구입 가능. 연속 5일 티켓 한 종류만 있음 ￥10,000

2. 사용 가능 계절: 일본 학생들의 방학기간인 봄, 여름, 겨울

3. 탑승 가능 차종: 칸토(関東), 코신에츠(甲信越), 토호쿠(東北), 홋카이도(北海道) 내의 각종 JR 보통열차, 쾌속열차, 혼슈(本州)와 홋카이도(北海道)를 연결하는 세이칸터널(青函トンネル)의 특급열차, 아오모리(青森)에서 삿포로(札幌)까지 가는 특급열차 하마나스, 모리오카(盛岡)에서 하치노헤(八戶)를 운행하는 IGR 이와테 열차

숙박 정보

일본의 홈페이지를 이용해 예약
· **홋카이도 유스호스텔 홈페이지:** www.youthhostel.or.jp
홋카이도 내의 유스호텔은 56개가 있다. 홈페이지로 예약 가능

· **일본 숙박 정보:** www.e-stay.jp/k
외국 관광객들에게 인기가 많은 약 1000여 개의 숙박시설들이 소개되어 있다. 여행 지역, 예산, 방 종류

등 조건에 따라 본인에게 맞는 숙박시설을 찾아볼 수 있고 바로 예약 가능

· **라쿠텐 여행:** travel.rakuten.co.jp
일본에서 가장 큰 온라인 숙박 예약 시스템으로 일본 전역의 크고 작은 20000여 개의 호텔, 여관, 비즈니스 호텔의 정보가 있다. 회원으로 등록한 후 홈페이지에서 예약이 가능하다.

· **야도 죠즈:** www.yadojozu.ne.jp
일본 각지의 11000여 개의 숙박 정보가 있다. 여관의 겉모습, 객실, 온천 시설 사진 등을 참고할 수 있다. 회원으로 등록할 필요 없이 바로 예약이 가능하다.

· **일본 야후:** travel.yahoo.co.jp
10000여 개가 넘는 호텔, 비즈니스 호텔, 일본식 여관, 민박, 온천호텔 등의 정보가 있다. 회원으로 등록할 필요 없이 바로 홈페이지에서 예약이 가능하다.

· **JALAN:** www.jalan.net
일본 전역의 5000여 개의 숙박 정보가 있다. 회원으로 등록할 필요 없이 바로 홈페이지에서 예약이 가능하다.

· **열차 노선 검색 홈페이지:** 출발하는 곳의 이름을 입력하면 열차의 노선, 소요시간, 티켓 가격을 알 수 있다.
1. **조르단 주식회사:** www.jorudan.co.jp
2. **도코나비:** www.doconavi.com
3. **에키탄겐클럽:** www.ekitan.com

여권 발급 요령

출국을 하려면 누구나 여권을 발급받아야 한다. 여권에는 1년의 유효기간 동안 1회의 해외여행이 가능한 단수여권과  10년의 유효기간 동안 횟수에 제한 없이 해외여행을 할 수 있는 복수여권이 있다. 특별한 사유가 없는 여행자는 해외여행을 할 때마다 여권을 발급받을 필요 없이 복수여권을 발급받는 것이 경제적이다.
2005년 9월 30일 이전에 발행된 구여권은 유효기간 동안 사용이 가능하다. 신여권 제도로 바뀌면서 기존의 유효기간 연장 제도가 폐지되었으므로 연장 가능한 구여권에 대해 신여권 발급 신청서를 작성하면 5년 유효기간의 신여권을 발급받을 수 있다.

여권 발급 구비서류
- 여권 발급 신청서
- 최근 3개월 이내에 찍은 여권사진(3.5cm X 4.5cm)
- 주민등록등본 1부
- 주민등록증 또는 운전면허증
- 대리신청의 경우 본인의 위임장과 주민등록증 및 그 사본과 대리인의 주민등록증이 필요하다.
- 만 18세 미만의 경우 부모의 여권발급동의서 및 동의인의 인감증명서가 요하다.

여권 발급비용
- 복수여권 – 55,000원
- 단수여권 – 20,000원
- 구여권 ⇨ 신여권(5년) – 15,000원

여권 발급기관
- 서울 : 종로구청, 노원구청, 강서구청, 영등포구청, 동대문구청, 강남구청, 송파구청.
- 지방 : 각 시청과 도청의 여권과

일본 내 한국 관련 기관
주일 한국 대사관
🏠 日本国東京都港区南麻布 1-2-5
☎ (81-3)3452-7611/9
　(81-3)3452-7617(휴일, 긴급)
📠 (81-3)5232-6911
🌐 http://jpn-tokyo.mofat.go.kr/
대사관 영사부
🏠 東京都港区南麻布 1-7-32
☎ (81-3)3455-2601~4
　(81-3)3452-7617(휴일, 긴급)
📠 (81-3)3455-2018

한국 내 일본 관련 기관
주한 일본 대사관
- 서울시 종로구 중학동 18-11
- (02)2170-5200
- (02) 734-4528
- http://www.kr.emb-japan.go.jp/

주한 일본 대사관 영사부
- 서울시 종로구 수송동 146-1 이마빌딩 7층
- (02)739-7400
- (02)736-6581(자동응답전화)
- (02)739-7410

그 밖의 필수 아이템
여행자보험
여행자보험이란 여행을 끝마치고 귀국할 때까지 생긴 사고에 대한 보상을 해주는 일회성 보험이다. 보험신청은 보험회사 화재부와 여행사를 통해 할 수 있으며, 공항의 여행보험 판매계에서 출국 직전에도 쉽게 할 수 있다. 보상금에 따라 보험금의 차이가 있지만 보통 2만원 가량의 보험금이 지출된다.

국제운전면허증

해외여행을 위한 여권 소지자는 약간의 수수료와 간단한 절차를 통해 국제운전면허증을 국내에서 발급받을 수 있으며, 해외에서 사용할 수 있다.
- **발급장소** : 거주지 관할 운전면허 시험장
- **구비서류** : 운전면허증, 여권, 여권사진 2매
- **유효기간** : 1년

국제학생증

학생인 경우에는 국제학생증 (International Student Identity Card)을 발급받아 떠나는 것이 좋다. 국제학생증을 제시하면 박물관, 미술관, 극장, 레스토랑 등에서 여러 가지 할인혜택을 받을 수 있다. 한국에서 국제학생증을 발급받지 못했다면 현지에서 발급받을 수 있다. 국제학생증은 대부분의 국가에서 취급하기 때문에 발급받는 장소만 알고 있다면 오히려 우리나라보다 간편하게 즉석에서 받을 수도 있다.
- **발급장소** : ISEC 국제학생증 한국 본사나 서울 종각역 근처 대부분 여행사에서 발급가능
- **구비서류** : 재학증명서, 신분증, 여권사진 1매
- **발급비용** : 14,000원
- **소요시간** : 접수 후 2일 이내 발송

신용카드

해외여행을 갈 때에는 사용할 일이 없더라도 만약을 대비해 신용카드를 가져가는 것이 좋다. 신용카드는 휴대가 간편하고 분실했을 경우 즉시 신고하면 보상받을 수 있다는 장점뿐만 아니라 카드 종류에 따라 마일리지나 포인트 적립을 받아서 상품이나 현금으로 사용하는 등 여러 가지 혜택을 받을 수 있기 때문이다.

여행자수표 (T/C)
여행자수표는 현금 대신 사용할 수 있고 한도가 있으므로 사용 예산을 조절할 수 있다. 현지 은행에서 현금으로 교환 가능하며 환율이 현금보다 유리하다는 장점이 있다. 또한 분실/도난 시 재발급을 받을 수 있어 안정성을 보장받을 수 있다. 하지만 모든 곳에서 사용할 수 있는 것은 아니며 발행회사의 환전소가 아닐 경우 수수료를 물게 된다는 단점도 있다. 발행회사는 AMEX와 VISA 두 곳이 있고 국민은행이나 외환은행에서 발급받을 수 있

다. 여행자수표는 발급 즉시 서명하고 사용할 때 다시 서명해야 하며, 서명란 두 곳이 모두 서명되어 있으면 사용할 수 없다.

출입국 수속 절차

한국에서 출국할 때
1. 항공사 카운터에서 탑승수속
2. 환전하기
3. 해당자는 병무신고하기
4. 출국세, 공항이용권 구입 (19,000원)
5. 출입국신고서 작성하기
6. 출국심사장으로 들어가기
7. 출국심사 받기(여권, 탑승권, 출국신고서 제출)
8. 면세점에서 쇼핑하기
9. 탑승권에 적힌 게이트로 이동해 항공기 탑승

일본에 입국할 때
1. 일본 출입국신고서와 세관신고서 작성하기
2. 입국심사 받기(여권, 귀국 항공권, 출입국신고서 제출)
3. 짐 찾기
4. 세관심사 받기

※ 신고대상 물품은 구두 또는 문서로 신고해야 하며 우편, 항공편, 배편, 택배 등 따로 부치는 물건일 경우에는 2통의 신고서를 작성하여 제출해야 한다. 신고서는 각 기내와 세관에 배치되어 있다.

기호품 면세 범위
담배 20갑(2보루), 파이프용 담배 100g, 술 3병, 향수 2온스, 그 외 물품 20만엔..
※ 단 19세 이하의 여행자에게는 잎담배나 양주가 허락되지 않는다.

사이즈 조견표

Korea	Japan	UK	US
44	S	6-8	0-2
55	M	8-10	4-6
66	L	12-14	8-10
77	LL, XL	16-18	12-14
88	XXL, 3L	20-22	16-18

신발 사이즈 조견표

Korea	Japan	UK	US
230	23	4	6
235	23.5	4.5	6.5
240	24	5	7
245	24.5	5.5	7.5
250	25	6	8
255	25.5	6.5	8.5
260	26	7	9
265	26.5	7.5	9.5
270	27	8	10
275	27.5	8.5	11.5

일본 출입국신고서
일본의 출입국신고서도 우리나라와 같이 출국, 입국 신고서가 하나로 통합되어 있다.
 일본에 입국하는 여행객은 외국인용을 기입해야한다. 일어로 기입이 가능하면 일어, 또는 영어로 기입해도 무방하다.

1. 성명(しめい)
2. 국적(こくせき)
3. 주소(じゅうしょ)
4. 체류지 주소(にほんのれんらくさき)
5. 여권번호(りょけんばんごう)
6. 기간(にほんたいざいよそうきかん)
7. 방문목적(たいざいもくてき)
8. 생년월일(せいねんがっぴ)
9. 직업(しょくぎょう)
10. 항공편(こうくうきびんめい, せんめい)
11. 출발공항(じょうしょうち)
12. 서명(しょめい)

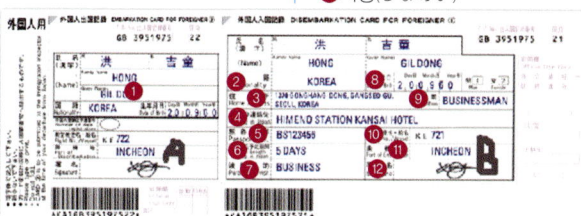

여행자수표 Q&A

Q : 여행자수표는 어디에 쓰면 좋나요?

해외 여행 : 많은 관광지에는 소매치기가 횡행합니다. 여행자수표는 현금을 대신하는 것으로 지갑에 넣어놓은 채 신경 쓰지 않고 여행을 즐기실 수 있습니다. 또한 여행자수표를 사용하면 여행 경비를 조절할 수 있습니다. 신용카드와 달리 있는 만큼 쓰는 것이기 때문에 예산범위 내에서 사용가능합니다.

해외 출장 : 해외 전시회에 참가하거나 제품을 구입할 때, 대부분 현지에서 즉시 지불해야하는 경우가 많습니다. 계약금을 내거나, 샘플 구입비를 결제할 때, 혹은 예상치 못한 지출이 발생하거나, 카드를 받지 않는 경우에도 여행자수표는 적절하게 사용가능 합니다. 현지 은행에서 현금으로 교환할 수 있기 때문에 현금을 가지고 출국하는 것보다 안전합니다.

해외 유학 : 여행자수표는 학비, 생활비를 지불하는 수단으로도 사용가능합니다. 단기 연수의 경우 체재기간이 비교적 짧아 일반적으로 해외에서 통장개설을 하지 않습니다. 그러므로 여행자수표로 학비, 생활비 등을 지불하는 것은 안전하면서도 신용카드의 한도 제한에 구애받지 않는 가장 편리한 선택입니다. 유학의 경우, 준비해야 할 비용이 더욱 큽니다. 현지에서 통장을 개설하기 전에 사용할 돈을 안전하게 준비하는 방법으로 여행자수표가 유용하게 사용됩니다.

이외에도 여행자수표를 구입할 때에는 환율이 일반적으로 현금보다 유리하게 적용됩니다. 환율이 낮아 출국 이전부터 약간의 비용을 절약할 수 있고, 또한 안전하다는 장점이 있습니다.

Q : 어디에서 아멕스 여행자수표를 살 수 있나요?

A : 여행자수표는 은행과 온라인에서 구입 가능합니다.

▶ 은행 : 지점을 포함한 전국 각 은행에서 구입가능. 단, 외환은행에서는 호주달러와 영국 파운드, 일본 엔화, 캐나다 달러만 구입가능.

▶ 인터넷 예약 : 우리은행과 신한은행 웹싸이트에서 온라인으로구매할 수 있음. 자세한 내용은 http://www.ameri-canexpress.com/korea 참고.

Q : 여행자수표를 분실하면 현지에서 재발급 가능한가요?

아멕스 여행자수표는 전세계 84,000여 은행과 환전소 등의 파트너와 함께 일하고 있으며, 동시에

2,200개의 여행서비스센터를 두고 있습니다. 여행자수표 분실 시 일반적으로 모두 현지에서 재발급이 가능하며, 수수료도 없습니다. 다음 여행지에서 재발급 신청하셔도 됩니다.

Q : 왜 여행자수표를 사용하는 것이 경제적이고 혜택이 많다고 하나요?

A : 여행자수표를 구입할 경우 외화를 현금으로 구입하는 것보다 일반적으로 쌉니다. 외국에서 현지화폐로 교환하려고 할 때, 수수료를 면제해 주는 환전소도 많기 때문에 어떤 때에는 더 많은 현지 화폐를 손에 쥘 수 있습니다. 수수료 등에서 돈을 아낄 수 있을 뿐더러 수지타산이 잘 맞는 방법입니다.

Q : 해외 유학을 할 때, 학비와 생활비를 가지고 나가려고 합니다. 어떤 방식을 선택해야 좋을까요?

A : 여러 방법을 혼합해서 사용하시는 것이 좋습니다. 위험을 피하고, 동시에 편리하게 사용할 수 있어야 합니다. 학비를 현지에서 지불한다면 여행자수표를 이용하시는 것이 가장 좋습니다. 생활비의 70% 정도는 여행자수표, 20% 정도는 신용카드, 10%는 현금으로 사용하시는 것이 좋습니다.

여행자수표의 사용방법

❶ 구입 후 즉시 서명
❷ 사용 시 재서명

1. 구입 후 즉시 서명 : 구입 후 즉시 수표 왼쪽 상단에 사인합니다. 어느 언어도 무방.

2. 사용 시 재서명 : 사용할 때에 수취인의 앞에서 왼쪽 하단에 상단과 일치하는 사인을 하면 됩니다.

3. 따로 보관 : 구매계약서와 여행자수표는 따로 보관하세요. 만약 여행자수표를 분실, 훼손한 경우 구매계약서를 가지고 각지의 분실배상서비스센터에 가서 분실처리를 하시면 됩니다.

여행 회화

Travel Conversation

출국과 입국

■ 기내에서

제 자리는 어디입니까?
私の席はどこですか？
와타시노 세키와 도코데스까?

여기는 제 자리인 것 같습니다.
ここは私の席ですが。
코코와 와타시노 세키데스가.

자리를 바꿔도 되겠습니까?
席を替わってもいいですか？
세키오 카왓떼모 이이데스까?

한국 잡지나 신문 있어요?
韓国の雑誌や新聞ありますか？
캉코쿠노 잣시야 심붕 아리마스까?

음료는 무엇으로 하시겠습니까?
お飲み物は何になさいますか？
오노미모노와 나니니 나사이마스까.

콜라 주세요.
コーラください。
코-라 쿠다사이.

탑승권을 보여주시겠습니까?
搭乗券を見せてもらえますか？
토-죠-켕오 미세떼 모라에마스까.

마실 것 좀 주시겠어요?
お飲み物をいただけますか？
오노미모노오 이타다케마스까.

펜 좀 빌릴 수 있을까요?
ペンを貸してもらえますか？
펭오 카시테 모라에마스까.

도착시간은 몇 시입니까?
到着時間はいつですか？
토-챠쿠지캉와 이쯔데스까.

■ 입국심사

여권과 입국신고서를 보여주시겠어요?
パスポートと入国申告所を見せて もらえますか？
파스포-또또 뉴-코쿠신꼬꾸쇼오 미세떼모라에 마스까?

입국카드 작성법을 가르쳐 주시겠어요?
入国カードの書き方を教えてもら えますか？
뉴-코쿠 카-도노 카키카타오 오시에떼 모라에 마스까?

일본 방문이 처음이십니까?
日本の訪問は始めてですか？
니홍노 호-몽와 하지메떼데스까?

방문 목적이 무엇입니까?
訪問の目的は何ですか？
호-몬노 모꾸떼끼와 난데스까?

관광입니다.
観光です。
캉꼬-데스.

어디서 머물 예정입니까?
どこでお泊まりですか？
도코데 오토마리 데스까?

신주쿠 호텔입니다.
新宿ホテルです。
신주쿠 호테루데스.

일본에 얼마동안 머물 예정입니까?
日本にどれくらい滞在する予定で すか？
니혼니 도레쿠라이 타이자이스루 요테이데스까?

2주간 머물 예정입니다.
二週間滞在する予定です。
니슈-깐 타이자이스루 요테이데스.

가방을 열어 주시겠어요?
かばんを開けてもらえませんか？
카방오 아케떼 모라에마셍까?

현금을 얼마나 소지하고 계십니까?
現金はいくら持っていますか？
겡킹와 이쿠라 못떼이마스까?

30만엔을 가지고 있습니다.
三十万円を持っています。
산쥬망엥오 못떼이마스.

돌아가는 항공권은 가지고 있습니까?
帰りの航空券はお持ちですか？
카에리노 코-쿠-켕와 오모찌데스까?

■ 세관통과

짐은 어디서 찾습니까?
手荷物はどこで受け取りますか？
테니모쯔와 도코데 우케토리마스까.

짐을 찾을 수가 없어요.
手荷物が見つかりません。
테니모쯔가 미쯔카리마셍.

신고할 물건이 있습니까?
申告するものはありますか？
신코꾸스루 모노와 아리마스까.

신고할 게 없습니다.
申告するものはありません。
신코꾸스루 모노와 아리마셍.

담배 한 보루가 있습니다.
タバコがワンカートンあります。
타바코가 완카-톤 아리마스.

개인용도입니다.
身の回りのものだけです。
미노마와리노 모노다께데스.

가격이 얼마정도 입니까?
値段はいくらくらいですか？
네당와 이쿠라쿠라이데스까.

1,000엔 주고 샀습니다.
千円で買いました。
셍엥데 카이마시따.

이것은 관세를 내셔야 합니다.
これは課税になります。
코레와 카제-니 나리마스.

다른 짐은 없습니까?
他の荷物はありませんか？
호카노 니모쯔와 아리마셍까.

이것은 가지고 들어갈 수 없습니다.
これは持ち込みできません。
코레와 모치코미 데키마셍.

이게 제 수하물인환증입니다.
これが私の手荷物引換証です。
코레가 와따시노 테니모쯔 히끼카에쇼-데스.

■ 공항에서

환전은 어디서 합니까?
両替はどこでできますか?
료가에와 도꼬데 데끼마스까.

여행자수표를 사용할 수 있습니까?
トラベラーズチェックは使えますか?
토라베라-즈첵꾸와 쯔까에마스까.

이 여행자 수표를 현금으로 바꿔주세요.
このトラベラーズチェックを現金にしてください。
코노 토라베라-즈첵꾸오 겡킹니시떼 쿠다사이.

값싼 호텔 하나 알려주시겠어요?
安いホテルを教えてくださいませんか?
야스이 호테루오 오시에떼 쿠다사이마셍까.

관광안내소는 어디에 있습니까?
観光案内所はどこにありますか?
캉코-안나이쇼와 도꼬니 아리마스까.

ATM은 어디에 있습니까?
ATMはどこにありますか?
ATM와 도꼬니 아리마스까.

시내지도 한 장 주시겠어요?
市街地図を一枚ください。
시가이치즈오 이찌마이 쿠다사이.

신주쿠까지 어떻게 가야 합니까?
新宿までどうやって行けばいいですか?
신주쿠마데 도-얏떼 이케바 이이데스까.

나리타 익스프레스는 어디서 탑니까?
成田エクスプレスはどこで乗りますか?
나리타 에꾸스프레스와 도꼬데 노리마스까.

신주쿠까지 얼마입니까?
新宿までいくらですか?
신주쿠마데 이쿠라데스까.

약도를 좀 그려주시겠어요?
略図を描いてくださいませんか?
랴쿠즈오 카이떼 쿠다사이마셍까.

렌터카 사무실은 어디입니까?
レンタカーの事務所はどこですか?
렌타카-노 지무쇼와 도꼬데스까.

출구가 어느쪽이죠?
出口はどこですか?
데구찌와 도꼬데스까.

교통수단의 이용

■ Bus 이용

버스정류장은 어디입니까?
バス停はどこですか?
바스테이와 도꼬데스까.

건너편에 있습니다.
向こう側にあります。
무꼬-가와니 아리마스.

도쿄타워는 어떤 버스가 가나요?
東京タワーはどのバスが行きますか?
도쿄타와-와 도노바스가 이끼마스까.

이 버스가 긴자역을 지나가나요?
このバスが銀座駅を通りますか?
코노바스가 긴자에끼오 토오리마스까.

요금이 얼마죠?
料金はいくらですか?
료-킹와 이쿠라데스까.

갈아타야 하나요?
乗り換えなければなりませんか?
노리카에나케레바 나리마셍까.

어른 한 명에 200엔입니다.
大人一人で200円です。
오또나 히토리데 니햐꾸엔데스.

버스시간표는 어디서 구할 수 있나요?
バスの時間表はどこでもらえますか?
바스노 지깐효-와 도꼬데 모라에마스까.

어디서 내려야 하나요?
どこで降りますか?
도꼬데 오리마스까.

도착하면 알려주시겠어요?
着いたら教えてくださいませんか?
쯔이따라 오시에떼 쿠다사이마셍까.

여기서 내려주세요.
ここで降ろしてください。
코코데 오로시떼 쿠다사이.

막차가 몇 시입니까?
終電は何時ですか?
슈-뎅와 난지데스까.

어디서 버스표를 사나요?
どこで切符を買いますか?
도꼬데 킵뿌오 카이마스까.

버스를 잘못 탔어요.
バスを乗り間違えてしまいました。
바스오 노리마찌가에떼 시마이마시따.

■ Taxi 이용

택시승강장이 어디입니까?
タクシー乗り場はどこですか?
타꾸시 노리바와 도꼬데스까.

트렁크 좀 열어주시겠어요?
トランクを開けてください。
토랑쿠오 아케떼 쿠다사이.

짐을 트렁크에 넣어 주시겠어요?
荷物をトランクに入れてもらえますか?
니모쯔오 토랑꾸니 이레떼 모라에마스까.

어디로 가십니까?
どちらまで行きますか?
도찌라마데 이끼마스까.

이 주소로 데려다 주세요.
この住所までお願いします。
코노 쥬쇼마데 오네가이시마스.

저기서 좌회전 해주세요.
あそこで左に曲がってください。
아소코데 히다리니 마갓떼 쿠다사이.

공항까지 서둘러주세요.
空港まで急いでください。
쿠-꼬-마데 이소이데 쿠다사이.

공항까지 얼마나 걸릴까요?
空港までどれくらいかかりますか?
쿠-꼬-마데 도레쿠라이 카카리마스까.

가장 빠른 길로 가주세요.
一番早い道でお願いします。
이찌방 하야이미찌데 오네가이시마스.

얼마입니까?
いくらですか?
이쿠라데스까.

잔돈은 그냥 가지세요.
おつりはとっておいてください。
오쯔리와 톳떼오이떼 쿠다사이.

■ **지하철 이용**

가장 가까운 전철역이 어디인가요?
一番近い駅はどこですか?
이찌방 치카이에키와 도꼬데스까.

시부야로 가려면 어느 선을 타야하나요?
渋谷に行くにはどの線に乗ればいいですか?
시부야니 이쿠니와 도노센니 노레바 이이데스까.

어디서 갈아타나요?
どこで乗り換えますか?
도꼬데 노리카에마스까.

표는 어디서 사나요?
切符はどこで買えますか?
킵뿌와 도꼬데 카에마스까.

마루노우치선을 타려면 어디로 가야하나요?
丸の内線に乗るにはどこへ行けばいいですか?
마루노우치센니 노루니와 도꼬에 이케바 이이데스까.

아키하바라에서 야마노테선으로 갈아타세요.
秋葉原で山手線に乗り換えてください。
아키하바라데 야마노테센니 노리카에떼 쿠다사이.

첫 전철이 몇 시부터 다니죠?
始発は何時からですか？
시하츠와 난지까라 데스까.

마지막 전철이 몇 시죠?
終電は何時ですか？
슈-뎅와 난지데스까.

종착역이 어디입니까?
終着駅はどこですか？
슈-챠꾸에끼와 도꼬데스까.

어느 역에서 내려야 하나요?
どの駅で降りますか？
도노에끼데 오리마스까.

아카사카역은 몇 번째입니까?
赤坂駅はいくつ目ですか？
아카사카에끼와 이꾸쯔메데스까.

■ 렌트카 이용

차 한 대 렌트하고 싶습니다.
車を借りたいですが。
쿠루마오 카리따이데스가.

하루에 얼마입니까?
一日にいくらですか？
이찌니찌니 이쿠라데스까.

어떤 차를 원하십니까?
どんな車を使いたいですか？
돈나 쿠루마오 쯔카이따이데스까.

자동차 목록을 보여주시겠어요?
車の目録を見せてもらえますか？
쿠루마노 모쿠로쿠오 미세떼 모라에마스까.

수동 기어로 부탁합니다.
手動ギアでお願いします。
슈도-기아데 오네가이시마스.

세단 오토매틱으로 부탁합니다.
セダンオートマチックでお願いします。
세단 오-토마칙쿠데 오네가이시마스.

보험이 포함되었나요?
保険は含まれていますか？
호켕와 후쿠마레떼이마스까.

종합보험으로 해주세요.
総合保険でお願いします。
소-고-호켕데 오네가이시마스.

얼마동안 쓰실 거죠?
どのぐらい使う予定ですか？
도노구라이 쯔카우 요테-데스까.

15일간 렌트하려고요.
15日間する予定です。
쥬고니찌캉 스루 요테-데스.

다음달 말까지 필요해요.
来月の末まで必要です。
라이게쯔노 스에마데 히쯔요-데스.

그것으로 하겠습니다.
それにします。
소레니 시마스.

렌트 전에 차를 한 번 보고 싶습니다.
借りる前に車を見てみたいです。
카리루 마에니 쿠루마오 미떼미따이데스.

■ 열차 이용

나고야까지 표를 구입하고 싶은데요.
名古屋までの切符を買いたいんですが。
나고야마데노 킵뿌오 카이따인데스가.

금연석과 흡연석이 있습니다만 어디로 하시겠습니까?
禁煙席と喫煙席、どちらの方がよろしいでしょうか?
킹엔세끼또 키쯔엔세끼 도찌라노호-가 요로시이데쇼-까.

창가 금연석으로 부탁드립니다.
窓側の禁煙席でお願いします。
마도가와노 킹엔세끼데 오네가이시마스.

이 열차는 어디로 갑니까?
この列車はどこに行きますか?
코노렛샤와 도꼬니 이끼마스까.

식당차는 어디에 있습니까?
食堂車はどこにありますか?
쇼꾸도-샤와 도꼬니 아리마스까.

■ 길 묻기

신주쿠호텔까지 가는 길 좀 가르쳐 주시겠어요?
新宿ホテルまで行く道を教えてくださいませんか?
신주쿠 호테루마데 이쿠미치오 오시에떼 쿠다사이 마셍까.

다음 모퉁이에서 좌측으로 돌아가세요.
次の角で左に曲がってください。
쯔기노 카도데 히다리니 마갓떼 쿠다사이.

파출소 건너편에 있어요.
交番の向こう側にあります。
코-방노 무코-가와니 아리마스.

이 길을 쭉 따라가세요.
この道をまっすぐ行ってください。
코노미찌오 맛스구 잇떼 쿠다사이.

경찰에게 물어보는 게 좋겠네요.
警察に聞いた方がいいです。
케-사쯔니 키이따호-가 이이데스.

길을 잃었어요.
道に迷ってしまいました。
미치니 마욧떼 시마이마시따.

이 근처에 백화점은 없나요?
この近くにデパートはありませんか?
코노 치카쿠니 데파토와 아리마셍까.

공중전화가 어디에 있습니까?
公衆電話はどこにありますか?
코-슈-뎅와와 도꼬니 아리마스까.

다음 신호등에서 오른쪽으로 가세요.
次の信号で右に曲がってください。
쯔기노 신고-데 미기니 마갓떼 쿠다사이.

호텔에서

■ 호텔 예약과 체크인

예약하셨습니까?
予約はされていますか？
요야꾸와 사레떼이마스까.

예약하고 싶습니다.
予約をしたいですが。
요야꾸오 시따이데스가.

김미나라는 이름으로 예약했습니다.
キム・ミナという名前で予約しました。
키무미나또이우 나마에데 요야꾸 시마시따.

예약확인서를 보여주시겠습니까?
予約確認書を見せてもらえますか？
요야꾸 카꾸닝쇼오 미세떼 모라에마스까.

숙박카드를 기입해 주십시오.
宿泊カードを記入してください。
슈꾸하꾸카-도니 키뉴-시떼 쿠다사이.

성함이 어떻게 되십니까?
お名前は何ですか？
오나마에와 난데스까?

어떻게 작성하는지 가르쳐 주시겠습니까?
書き方を教えてくださいませんか？
카끼카따오 오시에떼 쿠다사이마셍까?

빈 방이 있습니까?
空き部屋はありますか？
아끼베야와 아리마스까.

몇 분이세요?
何名様でしょうか？
난메-사마데쇼-까.

숙박료가 얼마죠?
宿泊料金はいくらですか？
슈쿠하꾸료킹-와 이쿠라데스까.

식사는 포함되어 있습니까?
食事は含まれていますか?
쇼꾸지와 후꾸마레떼 이마스까.

어떤 방으로 하시겠습니까?
どのような部屋がよろしいでしょうか?
도노요-나 헤야가 요로시이데쇼-까.

전망이 좋은 1인실은 없나요?
眺めのいいシングルの部屋はありませんか?
나가메노 이이 싱구루노 헤야와 아리마셍까.

방 좀 보여주시겠어요?
部屋を見せてもらえますか?
헤야오 미세떼 모라에마스까.

더 싼 방이 있나요?
もう少し安い部屋はありませんか?
모-스코시 야스이 헤야와 아리마셍까?

이 방으로 하겠습니다.
この部屋にします。
코노 헤야니 시마스.

체크인해주세요.
チェックインお願いします。
첵꾸잉 오네가이시마스.

얼마동안 묵을 예정인가요?
どのくらい泊まる予定ですか?
도노쿠라이 토마루 요테-데스까?

내일 저녁부터 이틀간 머물 예정입니다.
明日の夜から二泊します。
아시따노 요루까라 니하꾸시마스.

하룻밤 머물 예정입니다.
一泊する予定です。
입빠꾸스루 요테-데스.

여행회화

■ 호텔 서비스

룸서비스 부탁합니다.
ルームサービスをお願いします。
루-무 사-비스오 오네가이시마스.

방을 청소해주세요.
部屋を掃除してください。
헤야오 소-지시떼 쿠다사이.

세탁서비스는 가능합니까?
選択サービスはできますか?
센타쿠 사-비스와 데끼마스까.

외선전화는 어떻게 겁니까?
外線電話はどうかけるんですか?
가이센뎅와와 도-카케룬데스까.

서울로 국제전화를 걸고 싶은데요.
ソウルへ国際電話をかけたいですが。
소우루에 코쿠사이뎅와오 카케따이데스가.

귀중품을 맡아주시겠어요?
貴重品を預かってもらえますか?
키쵸-힝오 아즈깟떼 모라에마스까.

6시에 모닝콜 좀 해주세요.
朝6時にモーニングコールをお願いします。
아사 로꾸지니 모-닝구 코-루오 오네가이시마스.

체크아웃은 몇 시입니까?
チェックアウトは何時ですか?
첵꾸아우토와 난지데스까.

역까지 데리러 옵니까?
駅まで迎えに来てくれますか?
에끼마데 무까에니 키떼쿠레마스까.

한국어가 가능한 사람이 있습니까?
韓国語ができる人はいますか?
캉코쿠고가 데끼루 히또와 이마스까.

이 소포를 한국으로 보내주세요.
この小包を韓国に送ってください。
코노 코즈쯔미오 캉코쿠니 오꿋떼 쿠다사이.

팩스를 사용할 수 있을까요?
ファックスを送ることができますか?
확꾸스오 오꾸루코또가 데끼마스까.

인터넷을 사용하고 싶습니다.
インターネットを使いたいですが。
인타-넷토오 쯔카이따이데스가.

열쇠를 잃어버렸어요.
鍵をなくしました。
카기오 나쿠시마시따.

다른 방으로 주세요.
他の部屋をください。
호까노 헤야오 쿠다사이.

에어컨이 작동되지 않습니다.
エアコンが動きません。
에아콩가 우고키마셍.

■ 체크아웃
체크아웃 부탁합니다.
チェックアウトをお願いします。
첵꾸아우토오 오네가이시마스.

카드로 계산해도 될까요?
カードで支払いできますか。
카-도데 시하라이 데끼마스까.

여행자수표로 지불 가능합니까?
トラベラーズチェックで支払うことはできますか。
토라베라-즈첵꾸데 시하라우코또와 데끼마스까.

영수증 주세요.
領収証をください。
료-슈-쇼-오 쿠다사이.

세금이 포함된 가격인가요?
税込みですか。
제-코미데스까.

방에 놓고 온 물건이 있습니다.
部屋に忘れ物をしてしまいました。
헤야니 와스레모노오 시떼시마이마시따.

전화는 사용하지 않았습니다.
電話はかけていません。
뎅와와 카케떼이마셍.

계산이 틀린 것 같습니다만.
計算が間違っているようですが。
케-산가 마찌갓떼이루요-데스가.

택시 좀 불러 주세요.
タクシーを呼んでください。
타꾸시-오 욘데쿠다사이.

6시까지 짐 좀 맡아주시겠어요?
6時まで荷物を預かってもらえますか。
로꾸지마데 니모쯔오 아즈깟떼 모라에마스까.

공항까지 가는 셔틀버스가 있나요?
空港まで行くシャトルバスはありますか。
쿠-꼬-마데 이꾸 샤토루바스와 아리마스까.

식당·쇼핑

■ 주문하기

메뉴 좀 주세요.
メニューをください。
메뉴-오 쿠다사이.

지금 주문할까요?
今注文しましょうか?
이마 츄-몽시마쇼까.

먼저 음료를 주문하겠습니다.
とりあえずお飲み物をお願いします。
토리아에즈 오노미모노오 오네가이시마스.

결정하셨습니까?
お決まりですか?
오키마리데스까.

이 식당에서 잘하는 요리가 뭐죠?
この店の自慢料理は何ですか?
코노미세노 지만료-리와 난데스까.

이 요리의 재료가 뭐죠?
この料理の材料は何ですか?
코노 료-리노 자이료-와 난데스까.

양이 어느 정도입니까?
どれぐらいの量ですか?
도레구라이노 료-데스까.

디저트는 무엇으로 하시겠습니까?
デザートは何になさいますか?
데자-토와 나니니 나사이마스까.

어떤 종류의 맥주가 있나요?
どんなビールがありますか?
돈나 비루가 아리마스까.

이건 맛이 어떻죠?
これはどんな味ですか?
코레와 돈나 아지데스까.

메뉴 좀 다시 보여주세요.
メニューをもう一度見せてください。
메뉴-오 모-이찌도 미세떼 쿠다사이.

추천할 만한 게 있나요?
おすすめ料理は何ですか?
오스스메 료-리와 난데스까?

이미 주문 했습니다.
もう注文しました。
모- 츄-몽시마시따.

오늘의 특별요리가 뭐죠?
今日のスペシャル料理は何ですか?
쿄-노 스페샤루 료-리와 난데스까.

이것과 이걸로 하겠어요.
これとこれにします。
코레또 코레니 시마스.

같은 걸로 주세요.
同じものをお願いします。
오나지 모노오 오네가이시마스.

■ **쇼핑하기**

쇼핑몰이 어디입니까?
ショッピングセンターはどこですか?
숍핑구센타-와 도꼬데스까.

매일 영업하나요?
毎日営業しますか?
마이니찌 에-교-시마스까.

외국인도 포인트 카드를 만들 수 있나요?
外国人もポイントカードを作れますか?
가이코쿠진모 포인토카-도오 쯔꾸레마스까.

친구에게 선물로 줄 화장품을 좀 사려고요.
友達にあげる化粧品を買いたいですが。
토모다찌니 아게루 케쇼-힝오 카이따이데스가.

신사복 매장은 어디입니까?
紳士服コーナーはどこですか?
신시후꾸 코-나와 도꼬데스까.

아동복은 몇 층에 있나요?
子供服は何階にありますか?
코도모후꾸와 난까이니 아리마스까.

디지털 카메라를 사고 싶은데요.
デジカメを買いたいですが。
데지카메오 카이따이데스가.

보석은 어디서 살 수 있어요?
宝石はどこで買えますか?
호-세끼와 도꼬데 카에마스까.

조금 깎아주세요.
少し安くしてください。
스코시 야스쿠시떼 쿠다사이.

면세는 안되나요?
免税はできませんか?
멘제-와 데끼마셍까.

저 핸드백 좀 봐도 될까요?
あのハンドバックを見てもいいですか?
아노 한도박꾸오 미떼모 이이데스까?

편의점은 어디에 있죠?
コンビニーはどこにありますか?
콤비니-와 도꼬니 아리마스까.

긴급 상황

■ 분실 · 도난

분실물 센터가 어디죠?
紛失物センターはどこですか？
훈시쯔부쯔 센타-와 도꼬데스까.

여권을 잃어버렸어요.
パスポートをなくしました。
파스포-토오 나꾸시마시따.

버스에서 떨어뜨렸어요.
バスで落としてしまいました。
바스데 오또시떼 시마이마시따.

택시에 지갑을 두고 내렸어요.
タクシーに財布を忘れて降りました。
타꾸시니 사이후오 와스레떼 오리마시따.

어디서 잃어버렸는지 모르겠어요.
どこでなくしたのか分かりません。
도꼬데 나꾸시따노까 와까리마셍.

여기서 빨간 지갑을 못 보셨나요?
ここで赤い財布を見ませんでしたか？
코꼬데 아까이 사이후오 미마셍데시따까.

방에 도둑이 들었어요.
部屋に泥棒が入りました。
헤야니 도로보-가 하이리마시따.

누가 제 가방을 빼앗아갔어요.
誰かに私のカバンを盗られました。
다레까니 와따시노 카방오 토라레마시따.

도둑이야! 잡아라!
泥棒！捕まえて！
도로보-! 쯔까마에떼!

카드 사용을 정지해주세요.
カードの支払いを停止してください。
카-도노 시하라이오 테이시시떼 쿠다사이.

새 카드는 어디서 받을 수 있을까요?
新しいカードはどこでもらえますか？
아따라시이 카-도와 도꼬데 모라에마스까?

카드가 사용되고 있는지 알아봐 주세요.
すでに使われてしまっているかどうか調べてください。
스데니 쯔카와레떼 시맛떼이루까 도-까 시라베떼 쿠다사이.

도와주세요.
助けてください。
타스케떼 쿠다사이.

전화 좀 빌려주세요.
電話を貸してもらえますか。
뎅와오 카시떼 모라에마스까.

이 근처에 병원이 있습니까?
この近くに病院はありますか?
코노 치까꾸니 뵤-잉와 아리마스까.

만약 찾으시면 이쪽으로 연락주세요.
もし見つかったらここに連絡してください。
모시 미쯔깟따라 코꼬니 렌라꾸시떼 쿠다사이.

■ 교통사고

누가 경찰 좀 불러주세요.
誰か警察を呼んでください。
다레까 케-사쯔오 욘데쿠다사이.

차에 치였습니다.
車に引かれました。
쿠루마니 히카레마시따.

사고가 났습니다.
事故がありました。
지꼬가 아리마시따.

출혈이 심합니다.
出血がひどいです。
슛케츠가 히도이데스.

다쳤습니다.
けがをしました。
케가오 시마시따.

뼈가 부러진 것 같은데요.
骨が折れたみたいです。
호네가 오레따 미따이데스.

숨을 못 쉬겠어요.
息ができません。
이키가 데끼마셍.

병원에 데려다 주시겠어요?
病院へ連れて行ってもらえますか?
뵤-잉에 쯔레떼잇떼 모라에마스까.

구급차를 불러주세요.
救急車を呼んでください。
큐-큐-샤오 욘데쿠다사이.

제 친구에게 응급처치를 해 주시겠어요?
私の友達に応急措置をしてくれませんか?
와따시노 토모다찌니 오-큐-쇼찌오 시떼 쿠레마셍까.

■ 병원에서

보험은 가입되어 있나요?
保険は入っていますか？
호켕와 하잇떼 이마스까.

여행자 보험이 있어요.
旅行者保険があります。
료코-샤 호켕가 아리마스.

몸 상태가 좋지 않습니다.
具合いが悪いです。
구아이가 와루이데스.

예약을 해야 합니까?
予約は必要ですか？
요야쿠와 히쯔요-데스까.

잠을 잘 수가 없습니다.
よく眠れません。
요꾸 네무레마셍.

어떤 상태인가요?
どのような状態ですか？
도노요-나 죠-타이데스까.

평소에 먹는 약이 있습니까?
普段飲んでいる薬はありますか？
후당 논데이루 쿠스리와 아리마스까.

여기는 이상 없나요?
ここは異常ありませんか？
코꼬와 이죠-아리마셍까.

진단서를 받을 수 있을까요?
診断書をもらえますか？
신단쇼오 모라에마스까.

처방전을 받을 수 있을까요?
処方せんをもらえますか？
쇼호-셍오 모라에마스까.

여기 한국어를 하는 의사는 없나요?
ここに韓国語ができる医者はいませんか？
코꼬니 캉코꾸고가 데끼루 이샤와 이마셍까.

입원 수속은 어디서 합니까?
入院手続きはどこでしますか？
뉴-잉테쯔즈키와 도꼬데 시마스까.

열이 조금 있습니다.
熱が少しあります。
네쯔가 스코시 아리마스.

현기증이 납니다.
めまいがします。
메마이가 시마스.

너무 가렵습니다.
かゆみがひどいです。
카유미가 히도이데스.

혈액형은 AB형입니다.
血液型はAB型です。
케쯔에끼가타와 에-비가타데스.

■ 약국에서

설사를 합니다.
下痢をします。
게리오 시마스.

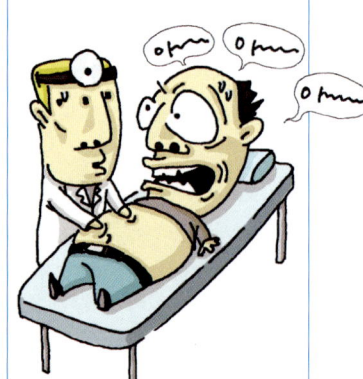

배가 아픕니다.
お腹が痛いです。
오나까가 이따이데스.

두통약 좀 주세요.
頭痛薬をください。
즈츠-야꾸오 쿠다사이.

아스피린 있습니까?
アスピリンありますか？
아스피린 아리마스까.

진통제 있어요?
痛み止はありますか？
이타미도메와 아리마스까.

감기약 주세요.
風邪薬をください。
카제구스리오 쿠다사이.

이 약을 어떻게 복용하죠?
この薬はどうやって服用しますか？
코노 쿠스리와 도-얏떼 후꾸요-시마스까.

하루에 몇 번 먹어야 되죠?
一日に何回飲めばいいですか？
이찌니지니 난까이 노메바 이이데스까.

알레르기 있으세요?
アレルギーはありますか？
아레루기-와 아리마스까.

식사 전에 복용해야 하나요?
食前に飲みますか？
쇼쿠젠니 노미마스까.

부작용은 없나요?
副作用はありませんか？
후쿠사요-와 아리마셍까.

처방전 없인 판매할 수 없습니다.
処方せんなしには販売できません。
쇼호-센 나시니와 한바이 데끼마셍.

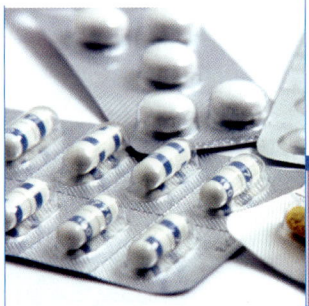

처방전은 있습니다.
処方せんはあります。
쇼호-셍와 아리마스.

여행 계속해도 괜찮습니까?
旅行を続けてもいいですか？
료코-오 쯔즈케떼모 이이데스까.

조금 나아졌습니다.
少しよくなりました。
스꼬시 요꾸 나리마시따.

몇 번인가 토했습니다.
何度か吐きました。
난도까 하키마시따.

회복하려면 어느 정도 걸립니까?
治るまでにどのくらいかかりますか？
나오루마데니 도노구라이 카카리마스까.

입원하지 않으면 안 됩니까?
入院しなければなりませんか？
뉴-잉 시나케레바 나리마셍까?

약의 종류

두통약	頭痛薬	(즈쯔-야꾸)
소화제	消化剤	(쇼-카자이)
안약	目薬	(메구스리)
설사약	下痢止め	(게리도메)
변비약	便秘薬	(벤삐야꾸)
진통제	痛み止め	(이타미도메)
감기약	風邪薬	(카제구스리)
정로환	正露丸	(세이로간)
반창고	絆創膏	(반소-코-)

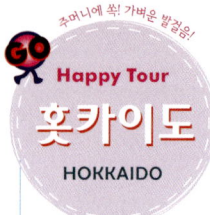

Happy Tour
홋카이도
HOKKAIDO

초판 인쇄일 _ 2008년 8월 5일
초판 발행일 _ 2008년 8월 11일
발행인 _ 박정모
발행처 _ 도서출판 혜지원
주소 _ 서울시 동대문구 장안 1동 420-3호
전화 _ 영업부 02)2212-1227, 2213-1227
전화 _ 편집부 02)2249-7975
팩스 _ 02)2247-1227
홈페이지 _ http://www.hyejiwon.co.kr
지은이 _ MOOK 편집실
기획·진행 _ 강은혜, 유신향
교정·교열 _ 유신향, 송유선
디자인, 본문편집 _ 박애리
표지디자인 _ 김경미
영업마케팅 _ 김남권, 황대일, 고광수, 서지영
ISBN _ 978-89-8379-570-0
　　　　 978-89-8379-539-7 (세트)
정가 _ 7,800원

Copyright©2008 by Mook Publishing Ltd, Taiwan
All rights reserved.
이 책은 저작권법에 의해 보호를 받는 저작물이므로 어떠한 형태의 무단 전재나 복제도 금합니다. 본문 중에 인용한 제품명은 각 개발사의 등록상표이며, 특허법과 저작권법 등에 의해 보호를 받고 있습니다.

잘못 만들어진 책은 구입한 서점에서 교환해 드립니다.

인터콜 GIFT 쿠폰

무료통화이용권(콜렉트콜)

3,000원

• 외국에서 한국으로 전화시 착신번호마다 매월 1,000원씩 무료로 통화하실 수 있습니다! (3개번호)

우리은행 환율우대

쿠폰 NO.US GA 135248

50%

• 본 쿠폰은 다른 우대서비스와 중복하여 사용 할 수 없으며, 우대율은 은행 사정에 따라 조정될 수 있습니다.
• 유효기간 : ~ 2008년 12월 31일까지
• 우대 내용 후면 참조

※ 단, 미화기준으로 500달러 미만은 30% 할인

출국 준비물 위드공구 할인쿠폰

NO. W214619-1948

Discount Coupon 10~5%

• 본 쿠폰은 1인 1회에 한하여 사용 가능합니다.
• 본 쿠폰은 다른 쿠폰과 중복하여 사용하실 수 없습니다.
• 일부 품목은 할인에서 제외될 수 있습니다. www.with09.net

공항고속/센트럴시티 리무진 버스 할인권

NO. 903921

Limousine Bus Discount Coupon

2,000원 할인권(1회)

• 유효기간 : ~ 2008년 12월 31일까지
• 홈페이지 : www.samhwaexpress.com
• 승차권 구입장소 및 이용방법 후면 참조
www.centralcityseoul.co.kr

공항고속/센트럴시티 리무진 버스 할인권

NO. 903921

Limousine Bus Discount Coupon

2,000원 할인권(1회)

• 유효기간 : ~ 2008년 12월 31일까지
• 홈페이지 : www.samhwaexpress.com
• 승차권 구입장소 및 이용방법 후면 참조
www.centralcityseoul.co.kr

이/용/방/법

현재 계신 곳의 국가접속번호 🔊   카드번호 **7890** [#] + 지역번호를 포함한 상대방 전화번호 + [#]

※ 공중전화에서는 발신음을 먼저 확인하고 사용하세요. (발신음이 들리지 않을 경우 카드 또는 동전을 넣어주세요.)
사용예) 미국에서 한국(02-123-4567)으로 전화할 경우 1877-705-0469 🔊 카드번호 + # 🔊 교환원 연결

호주	1800-007-548	미국(웨)	1877-705-0469	중국(북방)	108-8824
뉴질랜드	080-044-8043	사이판	1800-831-0366	중국(남방)	10800-140-0688
캐나다	1877-705-0474	하와이	1877-705-0471	일본(유선)	0044-2213-2325
그리스	0080-012-6546	오스트리아	0800-291-285	말레이시아	1800-80-8401
영국	0800-032-3503	스페인	900-931-993	인도네시아	001-803-011-3411
프랑스	0800-900-092	체코	800-142-542	필리핀	105-821
독일	0800-101-2976	스위스	0800-562-317	홍콩	800-967-360
이탈리아	800-708-044	벨기에	080-077-463	베트남	1783-500
네덜란드	080-0022-5196	헝가리	068-001-7175	태국	001-800-120-664-908
포르투갈	8008-12982				

※ 지역에 따라 공중전화에서 사용이 제한될 수 있습니다.   ※ 기타 국가 접속번호 및 이용문의 : 인터불 고객만족팀(02-568-9500)
※ 요금은 **hanarotelecom** 에서 수신자부담으로 청구합니다.

우리은행 환율우대 쿠폰안내

- 본 쿠폰은 1인 1회에 한하여 사용가능합니다.(개인에 한함)
- 우리은행 전 영업점(인천국제공항지점 제외)에서 외화현찰, 여행자수표를 환전하거나
  해외송금시 우대환율을 적용하여 드립니다.(중국화폐CNY는 30% 우대)
  - 할인우대율 : 당일고시 매매기준율과 대고객매매율 차이의 환전수수료 50~30%를 우대
- 본 쿠폰은 다른 우대조치와 중복하여 사용하실 수 없으며, 우대율은 은행사정에따라 조정될 수 있습니다.

유학이주센터

세종로 유학이주센터	02)399-2742	목동 유학이주센터	02)2652-4030	테헤란로 유학이주센터	02)554-3071/3
연희동 유학이주센터	02)324-7001	종로 YMCA 유학이주센터	02)738-8472	연세 유학이주센터	02)313-3198
압구정동 유학이주센터	02)541-2947	대치역 유학이주센터	02)569-9031	대치남 유학이주센터	02)567-0483
분당중앙 유학이주센터	031)704-1541	일산중앙 유학이주센터	031)919-0501	서면 유학이주센터	051)804-2007
도곡스위트 유학이주센터	02)2058-1100	수영만 유학이주센터	051)747-9701		

※ 무료상담전화 : 080-365-5000

쿠폰사용방법

www.with09.net 접속 → 회원가입 후 가입경로 "동호회 추천" → 우측 코드란에 쿠폰 NO.W214619-1948입력 가입완료되시면 전품목 할인된 가격으로 표기됩니다.

❂ 대표상품

이민가방, 여행가방, 전통기념품, 트랜스, 전세계 플러그, 침낭, 압축팩, 전기장판,
전자사전 등 세세계 출국준비물 **국내 최저가 판매**

문의전화 : (02)374-6227 / 010-6313-1664

공항고속/센트럴시티 리무진 버스 할인권 안내

Limousine Bus Discount Coupon

★ **이용구간**
- 인천국제공항 → 강남 센트럴시티 방면
- 인천국제공항 → 서울역, 용산역 방면

승차권 구입장소 : 입국장(1층) 4A, 10B 출입구 옆 승차권 판매소

성함	E-mail	내용을 기입하셔야 이용 가능합니다.

★ 승차권 구입시 우대권 제출해 주십시오.(1인 1매에 한하여 타 쿠폰과 중복사용 불가)
★ 문의전화 : 센트럴시티 02)6282-0652 서울역 / 용산역 02)775-7915

공항고속/센트럴시티 리무진 버스 할인권 안내

Limousine Bus Discount Coupon

★ **이용구간**
- 센트럴시티 → 인천국제공항(센트럴시티내 호남선터미널 1층 리무진 매표소)
- 서울역 → 인천국제공항(서울역 광장 역전파출소 앞 리무진 매표소)
- 용산역 → 인천국제공항(용산역 지상3층 달 주차장 리무진 매표소)

성함	E-mail	내용을 기입하셔야 이용 가능합니다.

★ 승차권 구입시 우대권 제출해 주십시오.(1인 1매에 한하여 타 쿠폰과 중복사용 불가)
★ 문의전화 : 센트럴시티 02)6282-0652 서울역 / 용산역 02)775-7915